한자오체와 함께 학습하는

名品漢字

4급

한자오체와 함께 학습하는

名品漢字 | 4급

초판 1쇄 인쇄	2013년 10월 10일
초판 1쇄 발행	2013년 10월 20일
기획·편찬	한국한자교육연구소
편저자	한국한자교육연구소 한자연구실
펴낸이	정종태
편집·디자인	인챈트리 _ 02)599-1105
출력·인쇄	케이피알 _ 02)2279-0557
펴낸곳	미래교육개발원
주소	서울시 성북구 삼선동4가 204-3 고려빌딩 202호
대표전화	02)720-2555
팩스	02)720-2554
출판등록	2010년 03월 10일 제 300-2000-97(구:제1-2699)

ISBN 978-89-94402-25-3 04710
    978-89-94402-28-4 (세트)

한자오체와 함께 학습하는

名品漢字

4급

한국한자교육연구소 한자연구실

한국한자교육연구소

■ 서문

최근 동양의 정신문화가 세계를 지배하여 이끌어 가고 있고, 그 중에서도 동북아 3국이 중심역할을 하고 있습니다. 특히 중국이 경제대국으로 급부상하여 우리나라 최대 교역국으로 자리 잡으면서 한자 교육에 대한 관심이 어느 때 보다 높아지고 있습니다. 한자는 중국만의 문자가 아니고 동북아3국의 기반문자로 서로의 교류를 위해 필수 불가결한 문자입니다. 곧 국가 경쟁력의 중요한 요소인 것입니다.

또한 한자 학습을 통하여 국어의 어휘들이 가지고 있는 정확한 개념을 파악하고 어휘력을 신장시켜 보다 창의적이고 바람직한 어문생활을 할 수 있습니다. 그동안 국가공인 한자급수 자격시험을 통하여 학생들과 일반국민들이 한자를 익히고 활용하고 지식기반을 다지는데 크게 이바지하여 왔고 근래에 들어 한자 학습에 대한 필요성이 새롭게 인식되고 범국민적인 열기가 고조되고 있는 것은 무척 다행스러운 일입니다.

앞으로 우리가 이끌어 나갈 세계는 지식과 기술만이 아닌 무한한 상상력과 창조력, 응용력을 요구하는 시대입니다. 거기에 부응 할 수 있는 길은 오랜 세월 면면히 이어온 문자의 학습에 있을 것입니다. 더구나 한자는 표의문자이기에 한자를 익히게 되면 사고력을 증진시키고 인성교육에도 많은 기여를 할 것입니다. 본 연구소는 오랜 시간 한자교육과 교재개발, 교수방법 연구에 많은 투자를 해왔습니다. 이에 그간의 연구결과를 토대로 한자교육에 조금이나마 보탬이 되고자 본 책을 발간하게 되었습니다.

또한 한자 학습 뿐 아니라 한문서예에도 관심을 고취시킬 수 있게 한자오체를 통하여 한문교육을 할 수 있도록 편집하였습니다.

이는 그간 볼 수 없었던 교육방식으로 한자의 원리를 이해하면서 좀 더 흥미롭게 한문공부를 할 수 있을 것으로 사료됩니다. 아무쪼록 이 교재가 한자공부를 하는 데 있어서 지침서가 되고 한자교육 활성화에 조금이나마 도움이 되기를 바랍니다.

한국한자교육연구소 소장 **박종석**

일러두기

1. 이 책에는 교과서 한자를 한자능력검정시험 배정한자 기준에 의거하여 수록하였습니다.
2. 본문은 한자의 훈음, 독음, 부수, 획수, 총획, 예제 등 한자공부에 필요한 자료를 모두 수록하였습니다.
3. 예제는 모두 설명을 통하여 정확한 뜻을 확실하게 알 수 있도록 함과 동시에 어휘력향상에 도움이 될 수 있게 하였습니다.
4. 참고문헌 - 태평양저널 한자교본, 서예교본, 한자자료집
5. 글자의 설명은 글자 생성과정을 통해 이야기 식으로 풀이하였기 때문에 재미있게 익히면서 배울 수 있습니다.
6. 수록 한자 전체를 한자오체(해서, 행서, 초서, 전서, 예서)도 병행해서 수록하였습니다.

   (수록예시)

行書   草書

楷書

隷書   篆書

7. 오체(五體) 중 정자인 해서(楷書)를 가장 크게 중앙에 쓰고 오른쪽상단에 초서(草書), 오른쪽하단에 전서(篆書), 왼쪽상단에 행서(行書), 왼쪽하단에 예서(隷書)를 수록하였습니다.
8. 가운데에 있는 해서를 먼저 익히고 쓰며, 행서, 예서, 전서, 초서 순으로 익히고 써나가기 바랍니다.
9. 미리 신습한자를 한눈에 볼 수 있게 수록하였습니다.
10. 부수한자풀이, 동음이의어, 약자, 속자, 표기주의한자 등 한자공부에 필요한 제반 상식은 책 말미에 따로 수록하였습니다.

■ 목차

기 초 학 습

한자를 만든 원리 육서(六書)

육서는 상형문자/지사문자/회의문자/형성문자/전주문자/가차문자를 말하며, 각각 일정한 규칙에 의해 그 구성과 응용 방법에 따라 나누어진 것이다. 문자(文字)라는 말은 육서 중에서 문(文) 부분은 단독의 뜻을 가지고 있는 상형문자와 지사문자를 말하며 자(字) 부분은 이미 만들어진 문(文)의 의미를 조합하여 기본 글자를 불려나갔으니 회의문자와 형성문자가 여기에 해당 된다. 따라서 문(文)과 자(字)는 한자를 만드는 원리를 대표하는 말이다. 그 외에 전주문자와 가차문자는 이미 만들어진 문자를 활용하는 것이다.

상형문자(象形文字)

구체적인 사물의 모양을 본떠서 만든 글자.

예) 月, 日, 火, 木, 山, 馬, 象 등

지사문자(指事文字)

눈에 보이지 않는 추상적인 생각이나 사물의 뜻을 부호나 도형으로 나타내어 만든 글자.

예) 上(위 상)은 一(한 일)자 위에 조그마한 획을 그어 위(上)를 표시하고,

下(아래 하)는 아래 부분에 표시했다.

末(끝 말)은 木(나무 목) 위쪽의 기둥 가지에 표시하여 끝이라는 뜻을 표시했고,

本(근본 본)은 뿌리 부분에 한 획을 그어 근본을 표시했다.

회의문자(會義文字)

이미 만들어진 글자를 두 글자 이상 결합하여 새롭게 만든 글자.

예) 女 + 子 = 好 (좋을 호) 火 + 火 = 炎 (불꽃 염) 人 + 木 = 休 (쉴 휴) 老 + 子 = 孝 (효도 효)

水 + 去 = 法 (법 법) 人 + 犬 = 伏 (엎드릴 복) 人 + 二 = 仁 (어질 인)

형성문자(形聲文字)

상형이나 지사문자를 결합하여 한 글자는 뜻을 나타내고 다른 한 글자는 소리를 나타내도록 만든 글자.

예) 問(물을 문) - 뜻: 口(입 구) + 음: 門(문 문) : 입으로 묻는다는 의미의 口와 소리부분인 門을 합하여 만든 글자

頭(머리 두) - 뜻: 首(머리 수) + 음: 豆(콩 두) : 머리를 나타내는 首와 소리부분인 豆를 합하여 만든 글자.

淸(맑을 청) - 뜻: 水(물 수) + 음: 靑(푸를 청) : 물이 맑다는 데서 물을 나타내는 氵(삼수변)와 소리부분인 靑을 합하여 만든 글자.

記(기록할 기) - 뜻: 言(말씀 언) + 음: 己(몸 기) : 말씀을 기록한다는 뜻에서 言과 소리부분인 己를 합하여 만든 글자.

場(마당 장) - 뜻: 土(흙 토) + 음: 陽(볕 양) : 흙을 나타내는 土와 소리부분인 陽을 합하여 만든 글자.

전주문자(轉注文字)

이미 있는 한자를 운용하여 다른 뜻을 주는 글자. 여기에는 두 가지 방법이 있다.

1) 음이 달라지는 경우

惡 (악할 악) → 미워할 오 : 憎惡(증오), 惡寒(오한)

度 (법도 도) → 잴 탁 : 忖度(촌탁), 度地 (탁지)

樂 (풍류 악) → 좋아할 요 : 樂山樂水(요산요수)

2) 음이 변하지 않는 경우

長 (긴 장) → 어른 장 : 長老(장로), 長幼 (장유)

가차문자(假借文字)

어떤 사물을 나타낼 때 그와는 관계없는 뜻의 글자라도 소리가 같으면 빌려서(假借) 쓰는 글자로 외래어, 의성어, 의태어에 주로 쓰인다.

1) 의태어 : 모양을 나타낸 말

堂堂(당당) : 의젓한 모양

亭亭(정정) : 꼿꼿한 모양

2) 의성어 : 소리를 나타낸 말

丁丁(정정) : 나무 찍는 소리

錚錚(쟁쟁) : 악기 소리

3) 외래어 : 외국의 말을 나타내기 위해

基督 : 그리스도(Christ)

巴利 : 파리(Paris)

亞細亞 : 아세아(Asia)

佛陀 : 불타(Buddha)

可口可樂 : 코카콜라(Coca cola)

한자의 필순 (筆順)

한자의 필순은 절대적인 규칙이 있는 것은 아니지만 오랜 세월동안 여러 사람의 체험을 통해서 붓글씨의 획을 쓰기
한 일반적인 순서가 갖추어졌다고 할 수 있다. 글자의 모양이 아름다우면서 빠르고 정확하게 쓸 수 있는 방법이 필요
던 것이다. 붓글씨의 획은 점과 선으로 이루어져있는데 필순은 이 점과 선으로 구성된 획을 쓰는 순서를 말한다. 특
행서와 초서의 경우에는 쓰는 순서에 따라 그 한자의 모양새가 달라진다. 필순의 기본원칙은 다음과 같다. 예외적인
우도 잘 알아 두어야한다.

기본 원칙

1. 한자의 기본 필법은 항상 위에서 아래로 쓴다. 三, 工, 言, 客

2. 왼쪽에서 오른쪽으로 쓴다. 川, 州, 側, 外

3. 가로획과 세로획이 교차될 때, 가로획을 먼저 쓴다. 十, 春, 支 (예외) 세로획부터 쓴다. 田, 角, 推

4. 좌우 삐침과 파임이 교차할 때, 좌 삐침부터 쓴다. 人, 父, 合

5. 左(좌) 右(우) 대칭일 때, 가운데, 좌, 우순으로 먼저 쓴다. 小, 水, 樂 (예외) 가운데를 나중에 쓴다. 火, 性

6. 몸과 안쪽이 있을 때, 몸 쪽을 먼저 쓴다. 内, 因, 同, 司 (예외) 우측이 터진 경우는 다르다. 區, 匹, 臣

7. 가로획이 길고 왼쪽 삐침이 짧으면 왼쪽 삐침부터 쓴다. 右, 布, 希, 有

8. 가로획이 짧고 왼쪽 삐침이 길면 가로획부터 쓴다. 左, 友, 在

9. 상하로 꿰뚫는 세로획은 나중에 쓴다. 車, 中, 手

10. 좌우로 꿰뚫는 가로획은 나중에 쓴다. 女, 母 (예외) 가로획부터 쓴다. 世

11. 오른쪽 위의 점은 맨 나중에 쓴다. 成, 犬, 代

12. 책받침류는 나중에 쓴다. 建, 道, 直 (예외) 책받침류를 먼저 쓴다. 起, 題, 勉

부수(部首)

부수의 정의(定義)

부수란 한자(漢字)의 외형적 한 부분이면서 전체 의미를 상징하는 것이고 한자의 핵심 의미이자 한자 분류의 기본 원칙이다. 특히 육서의 형성문자에서 뜻 부분이 바로 그 한자의 부수라는 것을 확인할 수 있다. 곧 한자의 80% 이상인 형성문자의 효과적 이해는 부수의 이해에서부터 시작될 수 있는 것이다.

부수의 유래(由來)

부수의 발생은 뜻글자인 한자의 특성으로 인해 기하급수적으로 늘어나는 문자를 체계적으로 분류하고 정리할 필요성에서 시작된 것이다. 최초의 부수의 개념을 창안한 사람은 중국 한나라 때의 학자였던 허신(許愼)이라는 인물이다. 문자의 성인으로 불리는 허신이 세계 최초의 자전(字典)이며 현존하는 문자학(文字學)의 최고 권위를 지닌 《설문해자(說文解字)》를 만들었는데, 계통별로 540개의 부수를 분류해 당시 한자 9,353자를 체계적으로 분류했고, 또한 구성 원리인 "육서(六書)"의 법칙으로 한자의 구조를 설명했다.

부수의 구성(構成)

부수는 현재 1획부터 17획까지 총 214개로 이루어져 있고 전체 214개 가운데 상형문자가 149자, 지사문자가 17자, 회의문자가 21자, 형성문자가 27자 이다. 여기에 가차(假借)의 개념으로 설명되는 부수들도 있고 육서의 분류가 중복된 부수자도 있다.

부수의 배열(排列)은 과거 중국의 〈옥편(玉篇)〉 분류 방법인 의미에 따른 계통 분류로 배열된 것이 많았으나, 근래의 배열 방법은 거의 획수(劃數)에 의한 순서로 배열하고 있다.

부수자(部首字)의 이름과 위치

이름	위치	해당 한자
제부수	■	手(손 수) 日(해 일) 月(달 월) 人(사람 인) 馬(말 마) 등.
몸	□ □ □ □ □ □	멀경몸 - 冊(책 책) 再(두 재) 등. 큰입구몸 - 國(나라 국) 因(인할 인) 등. 에운담몸 - 問(물을 문) 街(거리 가) 등. 위튼입구몸 - 出(날 출) 凶(흉할 흉) 등. 튼입구몸 - 匠(장인 장) 匣(갑 갑) 등. 감출혜몸 - 區(구역 구) 匹(짝 필) 등. 쌀포몸 - 包(쌀 포) 勿(~하지말 물) 등.
머리	■	돼지해머리 - 亡(망할 망) 交(사귈 교) 등. 민갓머리 - 冠(갓 관) 冥(어두울 명) 등. 갓머리 - 家(집 가) 安(편안할 안) 등. 대죽머리 - 第(차례 제) 笑(웃을 소) 등. 필발머리 - 發(필 발) 登(오를 등) 등. 초두머리 - 花(꽃 화) 草(풀 초) 등.
발	■	어진사람인발 - 兄(형 형) 兒(아이 아) 등. 천천히걸을쇠발 - 夏(여름 하) 등. 스물입발 - 弄(희롱할 롱) 등. 연화발 - 然(그럴 연) 등.

이름	위치	해당 한자
우부**방**		병부절**방** - 印(도장 인) 卯(알 란) 등. 우부**방** - 郡(고을 군) 鄕(시골 향) 등.
좌부**변**		이수**변** - 冷(찰 랭) 凉(서늘할 량) 등. 두인**변** - 德(덕 덕) 後(뒤 후) 등. 심방**변** - 性(성품 성) 悟(깨달을 오) 등. 재방**변** - 投(던질 투) 打(칠 타) 등. 장수장**변** - 牀(평상 상) 등. 개사슴록**변** - 犯(범할 범) 狗(개 구) 등. 구슬옥**변** - 理(다스릴 리) 球(공 구) 등. 죽을사**변** - 死(죽을 사) 殃(재앙 앙) 등. 삼수**변** - 江(강 강) 海(바다 해) 등. 보일시**변** - 神(귀신 신) 社(단체 사) 등. 육달월**변** - 肝(간 간) 能(능할 능) 등. 좌부방**변** - 防(막을 방) 陵(언덕 릉) 등.
엄		민엄호 - 原(근원 원) 厄(재앙 액) 등. 주검시엄 - 尾(꼬리 미) 尺(자 척) 등. **엄**호 - 庭(뜰 정) 度(법도 도) 등. 기운기엄 - 氣(기운 기) 등. 병질엄 - 病(병들 병) 疾(병 질) 등. 늙을로엄 - 老(늙을 로) 者(놈 자) 등. 범호엄 - 虎(범 호) 號(부르짖을 호) 등.
책**받침**		민책**받침** - 廷(조정 정) 建(세울 건) 등. 책**받침** - 近(가까울 근) 道(길 도) 등.

부수자(部首字)의 변형

부수자	변형 부수자	해당 한자
人 (사람 인)	亻 (사람인변)	仁(어질 인) 등
刀 (칼 도)	刂 (선칼도방)	利(이로울 리) 등
川 (내 천)	巛 (개미허리)	巡(순행할 순) 등
彐 (돼지머리 계)	彐彑 (튼가로왈)	彗(비 혜) 彘(돼지 체) 등
攴 (칠 복)	攵 (등글월문)	敎(가르칠 교) 등
心 (마음 심)	忄 (심방변)	情(뜻 정) 등
手 (손 수)	扌 (재방변)	指(손가락 지) 등
水 (물 수)	氵 (물수변)	法(법 법) 등
火 (불 화)	灬 (연화발)	熱(더울 열) 등
玉 (구슬 옥)	王 (구슬옥변)	珍(보배 진) 등
示 (보일 시)	礻 (보일시변)	礼(예도 례) 등
絲 (실 사)	糸 (실사변)	結(맺을 결) 등
老 (늙을 로)	耂 (늙을로엄)	考(상고할 고) 등
肉 (고기 육)	月 (육달월변)	肥(살찔 비) 등
艸 (풀 초)	++ (초두머리)	茶(차 다) 등
衣 (옷 의)	衤 (옷의변)	複(겹칠 복) 등
辵 (쉬엄쉬엄갈 착)	辶 (책받침)	通(통할 통) 등
邑 (고을 읍)	阝 (우부방)-오른쪽에 위치	都(도읍 도) 등
阜 (언덕 부)	阝 (좌부방변)-왼쪽에 위치	限(한정 한) 등

부수자(部首字:214字) 일람표(一覽表)

1 획
丨 뚫을 곤		
丶 점 주		
丿 삐칠 별		
乙 새 을		
亅 갈고리 궐		

2 획
- 二 두 이
- 亠 머리부분 두
- 人 亻 사람 인
- 儿 어진사람 인
- 入 들 입
- 八 나눌 팔
- 冂 멀 경
- 冖 덮을 멱
- 冫 얼음 빙
- 几 걸상 궤
- 凵 입벌릴 감
- 刀 칼 도
- 力 힘 력
- 勹 감쌀 포
- 匕 숟가락 비
- 匚 상자 방
- 匸 감출 혜
- 十 열 십
- 卜 점 복
- 卩 ㄗ 병부 절
- 厂 언덕 한
- 厶 사사 사
- 又 손 우

3 획
- 口 입 구
- 囗 에워쌀 위
- 土 흙 토
- 士 선비 사
- 夂 뒤져올 치
- 夊 천천히 걸을 쇠
- 夕 저녁 석
- 大 큰 대
- 女 계집 녀
- 子 아들 자
- 宀 집 면
- 寸 마디 촌
- 小 작을 소
- 尢 절름발이 왕
- 尸 누울 시
- 屮 싹날 철
- 山 메 산
- 巛 내 천
- 工 장인 공
- 己 몸 기
- 巾 수건 건
- 干 방패 간
- 幺 작을 요
- 广 집 엄
- 廴 연이어 걸을 인
- 廾 두손 공
- 弋 주살 익
- 弓 활 궁
- 彐 彑彐 돼지머리 계
- 彡 무늬 삼
- 彳 걸을 척

4 획
- 心 마음 심
- 戈 창 과
- 戶 지게문 호
- 手 扌 손 수
- 支 나눌 지
- 攴 攵 칠 복
- 文 글월 문
- 斗 말 두
- 斤 도끼 근
- 方 모 방
- 无 없을 무
- 日 해 일
- 曰 말할 왈
- 月 달 월
- 木 나무 목
- 欠 하품 흠
- 止 그칠 지
- 歹 歺 남은뼈 알
- 殳 창 수
- 毋 말 무
- 比 견줄 비
- 毛 터럭 모
- 氏 뿌리 씨
- 气 기운 기
- 水 氵 氺 물 수
- 火 灬 불 화
- 爪 爫 손톱 조
- 父 아비 부
- 爻 점괘 효
- 爿 조각 장
- 片 조각 편
- 牙 어금니 아
- 牛 牜 소 우
- 犬 犭 개 견

5 획
- 玄 검을 현
- 玉 玊 구슬 옥
- 瓜 외 과
- 瓦 기와 와
- 甘 달 감
- 生 날 생
- 用 쓸 용
- 田 밭 전
- 疋 발 소
- 疒 병들 녁
- 癶 걸을 발
- 白 흰 백
- 皮 가죽 피
- 皿 그릇 명
- 目 눈 목
- 矛 창 모
- 矢 화살 시
- 石 돌 석
- 示 보일 시
- 内 짐승발자국 유
- 禾 벼 화
- 穴 구멍 혈
- 立 설 립

6 획
- 竹 대 죽
- 米 쌀 미
- 糸 실 사
- 缶 장군 부
- 网 罓罒罓 그물 망
- 羊 양 양
- 羽 날개 우
- 老 耂 늙을 로
- 而 말이을 이
- 耒 쟁기 뢰
- 耳 귀 이
- 聿 붓 률
- 肉 月 고기 육
- 臣 신하 신
- 自 코 자
- 至 이를 지
- 臼 절구 구
- 舌 혀 설
- 舛 어그러질 천
- 舟 배 주
- 艮 괘이름 간
- 色 빛 색
- 艸 艹 풀 초
- 虍 범무늬 호
- 虫 벌레 충
- 血 피 혈
- 行 다닐 행
- 衣 衤 옷 의
- 襾 덮을 아

7 획
- 見 볼 견
- 角 뿔 각
- 言 말씀 언
- 谷 골 곡
- 豆 콩 두
- 豕 돼지 시
- 豸 사나운짐승 치
- 貝 조개 패
- 赤 붉을 적
- 走 달릴 주
- 足 발 족
- 身 몸 신
- 車 수레 거(차)
- 辛 매울 신
- 辰 별 진
- 辵 辶 갈 착
- 邑 阝 고을 읍
- 酉 술 유
- 釆 분별할 변
- 里 마을 리

8 획
- 金 쇠 금
- 長 긴 장
- 門 문 문
- 阜 阝 언덕 부
- 隶 미칠 체
- 隹 새 추
- 雨 비 우
- 青 푸를 청
- 非 아닐 비

9 획
- 面 낯 면
- 革 가죽 혁
- 韋 다룸가죽 위
- 韭 부추 구
- 音 소리 음
- 頁 머리 혈
- 風 바람 풍
- 飛 날 비
- 食 밥 식
- 首 머리 수
- 香 향기 향

10 획
- 馬 말 마
- 骨 뼈 골
- 高 높을 고
- 髟 털늘어질 표
- 鬪 싸울 투
- 鬯 기장술 창
- 鬲 오지병 격
- 鬼 귀신 귀

11 획
- 魚 물고기 어
- 鳥 새 조
- 鹵 소금밭 로
- 鹿 사슴 록
- 麥 보리 맥
- 麻 삼 마

12 획
- 黃 누를 황
- 黍 기장 서
- 黑 검을 흑
- 黹 바느질할 치

13 획
- 黽 맹꽁이 맹
- 鼎 솥 정
- 鼓 북 고
- 鼠 쥐 서

14 획
- 鼻 코 비
- 齊 가지런할 제

15 획
- 齒 이 치

16 획
- 龍 용 룡
- 龜 거북 귀

17 획
- 龠 피리 약

자전(字典)에서 한자찾기

자전(字典)을 옥편(玉篇)이라고도 한다.

한자의 부수(部首) 214자에 따라 분류한 한자를 획수의 차례로 배열하여 글자마다 우리말로 훈(뜻)과 음을 써 놓은 책이다. 자전에서 한자를 찾는 방법은 크게 아래의 세 가지 방법이 있다.

부수색인(部首索引) 이용법
부수한자 214자를 1획부터 17획까지의 획수에 따라 분류해서 만들어 놓은 부수색인을 이용한다.

> 〈보기〉地자를 찾는 경우
> ① 地의 부수인 土가 3획이므로 부수색인 3획에서 土를 찾는다.
> ② 土자 옆에 적힌 쪽수에 따라 土(흙 토)부를 찾아 펼친다.
> ③ 地자에서 부수를 뺀 나머지 부분의 也획이 3획이므로 다시 3획 난의 한자를 차례로 살펴 地자를 찾는다.
> ④ 地(땅 지)자의 훈과 음을 확인한다.

총획색인(總畫索引) 이용법
부수색인으로 한자를 찾지 못한 경우는 글자의 총획을 세어서 획(畫)수별로 구분하여 놓은 총획색인을 이용한다.

> 〈보기〉乾자를 찾는 경우
> ① 乾자의 총획(11획)을 센다.
> ② 총획색인 11획 난에서 乾자를 찾는다.
> ③ 乾자 옆에 적힌 쪽수를 펼쳐서 乾자를 찾는다.
> ④ 乾(하늘 건)자의 훈과 음을 확인한다.

자음색인(字音索引) 이용법
한자음을 알고 있을 때는 가, 나, 다 순으로 배열된 자음색인을 이용한다.

> 〈보기〉南자를 찾는 경우
> ① 南자의 음이 남이므로 자음색인에서 남 난을 찾는다.
> ② 남 난에 배열된 한자들 중에서 南자를 찾는다.
> ③ 南자 아래에 적힌 쪽수를 찾아 펼친다.
> ④ 南(남녘 남)자의 훈과 음을 확인한다.

필법요령(筆法要領)

기초운필(基礎運筆)

글씨를 잘 쓰기 위해서는 운필하는 요령을 잘 알고 익혀야 한다. 기초 없이 좋은 글을 쓸 수 없는 것은 당연한 것이다.

운필법에는 중봉(中鋒)과 편봉(扁鋒)이 있다.

중봉 – 붓끝이 긋는 선의 중앙을 통과하는 것.

편봉 – 붓끝이 한쪽으로 치우쳐서 긋는 것.

글씨를 잘 쓰기 위해서는 중봉에 의한 운필법을 잘 익혀 나가야한다. 운필 = 용필(붓을 움직인다는 뜻)

긋는 굵기와 길이는 편의대로 하지만 대체로 굵기는 1cm 정도, 길이는 10~20cm 정도가 알맞다.

가로긋기 요령

① 역입(逆入) 과정

붓끝을 반대방향으로 넣는 과정

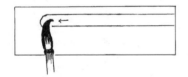

② 전(篆) 과정

역입된 곳에서 붓끝을 눌러 원형이
되도록 하여 오른쪽으로 붓을 움직이는 과정

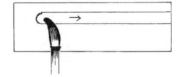

③ 직봉(直鋒) 과정

가로획의 오른쪽 끝부분에서 붓끝을
수직으로 세우는 과정

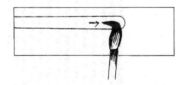

④ 봉회(鋒廻) 과정

붓끝을 오던 방향(왼쪽)으로
거슬러 들어 올리면서 거두는 과정

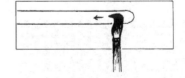

▶ 설명

①과 같이 붓끝을 일단 반대방향으로 넣은 다음

②와 같이 붓끝을 눌러 머리를 만든다. 그 다음 같은 굵기로 그어 나가다가

③과 같이 획의 끝에서 봉을 수직으로 세운 후

④와 같이 제자리로 봉회시킨다.

세로긋기 요령

가로 긋기의 요령을 수직(세로)으로 옮기어 하는 방법

① 역입(逆入)과정

붓을 반대방향 즉 아래서
위쪽으로 입필 시키는 과정

② 전(篆)과정

역입된 곳에서 붓끝을 눌러
원형이 되도록 하여 오른쪽으로
붓을 움직이는 과정

③ 송필(送筆)과정

획의 중간 과정으로 이때
2회정도 붓끝을 수직으로 세워
멈추는 운동이 되게 하는 과정

④ 봉회(鋒廻)과정

멈추었다가 붓끝을 가볍게 위로
치켜 올리며 되돌아 올라가다
붓을 떼는 과정

가로 긋기

세로 긋기

가로, 세로 긋기

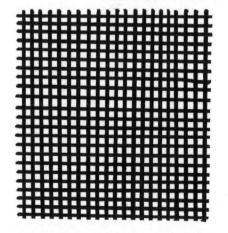

▶ 긋는 굵기 - 1cm 내외
▶ 긋는 길이 - 10~20cm 내외
▶ 충분한 연습 필요

서예기초필법(楷書基礎筆法)

▌. 횡법(橫法)

횡서(橫書)는 왼쪽에서 오른쪽으로 긋는 획(畫)인데 평횡(平橫), 요횡(凹橫), 철횡(凸橫). 요세횡(腰細橫), 요조횡(腰粗橫), 좌첨횡(左尖橫), 우첨횡(右尖橫)이 있다.

① 평행

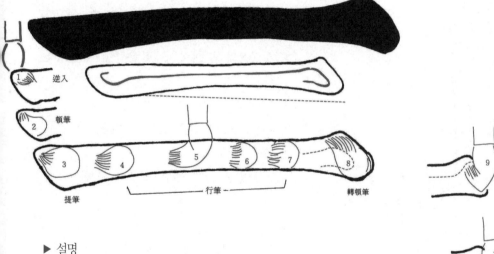
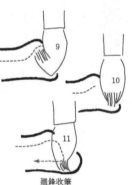

▶ 설명

1. 역입(逆入): 붓끝이 역으로 들어간다.

2. 돈필(頓筆): 아래로 향하여 점을 찍어 일단 멈춘다.

3, 4. 제필(提筆): 차츰 끌어 나아가면서 중봉이 되게 한다.

5, 6, 7. 행필(行筆): 중봉인 채로 오른쪽으로 향하여 여유 있게 붓을 움직인다,

8. 전돈필(轉頓筆): 붓끝을 전봉하여 원각을 이루면서 멈춘다.

9. 아래로 끌어내리면서 빼는 듯이 한다.

10. 맨 밑 부분에서 붓을 일으킨다.

11. 완전히 일으킨 붓끝을 왼쪽으로 되돌려 거둔다.

② 철횡

붓을 움직이는 요령은 평횡과 같으나 가운데가 위로 올라가고 안쪽머리의 아래가 내려가면 평횡도 오른쪽으로 올라가지만 철횡은 그보다 더 많이 올라가며 가운데 부분에서는 약간 힘을 빼는 듯하여 날씬한 멋을 살리도록 한다.

2. 수법(竪法)

수획(竪畫)은 위에서 아래로 내리긋는 획인데 직수(直竪),하첨수(下尖竪), 좌첨수(左尖竪), 좌호수(左弧竪), 우호수(右弧竪), 요세수(腰細竪), 요조수(腰粗竪), 상하수(上下竪) 등이 있다.

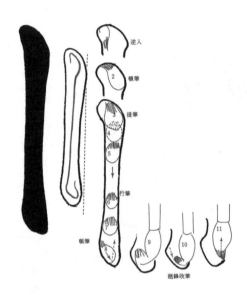

▶ 설명

1. 붓끝으로 거슬러 올라가며 입필한다.

2. 점봉하여 우하(右下)쪽으로 점을 찍듯이 하여 일단 멈춘다

3. 점점 끌어내리면서 중봉이 되도록 한다.

4,5,6. 중봉의 상태에서 아래로 운필한다.

7. 일단 멈춘다.

8. 좌로 방향을 바꾸어 멈춘다.

9. 우하(右下)로 붓끝을 빼는 듯한 다음

10. 붓을 끼웠다가

11. 붓끝을 운으로 올라가며 획을 마무리한다.

▶ 해설

역입, 역봉: 붓끝을 역으로 거슬러 대는 것.

돈필: 2~3회 제자리에 머무르는 것.

제필: 붓첨을 뜻과 같이 하기 위하여 조금씩 끌어나가는 것

중봉: 붓끝이 필획가운데로 지나게 하는 것.

편봉, 탈봉: 붓끝이 필획 가운데서 벗어난 상태.

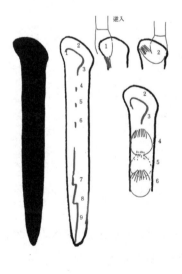

▶ 설명

1~6. 운필의 요령은 직수와 같다.

7. 일단 멈추었다가 탄력을 가하여 약간 뺀다.

8. 재차 탄력을 가하여 약간 뺀다.

9. 붓끝의 탄력으로 붓을 움직여 빼낼 수 있는 상태가 되면 빼낸다

3. 별법(撇法)

별이란 왼쪽 아래로 삐치는 획을 말하는 것인데 약(掠), 불(拂), 사획(斜畫)으로 불려진다.

1) 사별

▶ 설명

1.역입: 위로 향하여 붓끝으로 거슬러 올라가 작은 점이 되게 한다.

2.돈필: 전필하여 오른쪽으로 비스듬히 기울게 점을 찍어 멈춘다.

3,4. 중봉으로 행필할 수 있도록 차츰 끌어 나아간다.

5,6. 중봉으로 행필하여 6에서 일단 멈춘다.

7,8. 붓끝의 탄력을 살려 차츰 붓끝이 모이도록 붓을 움직인 다음 삐칠 자세가 되면 삐친다.

2) 호별

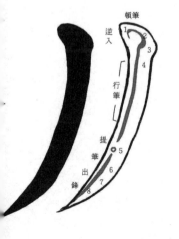

▶ 설명

1. 좌로 역봉하여 글씨를 쓴다.

2. 전봉하여 살짝 점을 찍는다.

3. 좌하행(左下行)하기 위하여 중봉이 되도록 전필한다.

4, 5. 중봉으로 점차 누르면서 좌하행(左下行)하여 6에서 지그시 누르면서 멈춘다.

6. 붓을 세우며 탄력을 주어 조금 빼고 다시 7에서 똑같은 방법으로 하고 또 8에 똑같은 방법으로 하여 붓의 탄력을 가한다.

4. 파법(波法)

파법은 오른쪽으로 삐치는 획인데 종파(從波)와 횡파(橫波)가 있다. 파의 용필은 파미에서 3번의 탄력을 가하는 동작으로 끝까지 필압을 잃지 말아야 한다.

1) 종파

▶ 설명

1. 좌로 역봉하여 글씨를 쓴다.
2. 전봉하여 살짝 점을 찍는다.
3. 우하행(右下行)하기 위하여 중봉이 되도록 전필한다.
4, 5. 중봉으로 점차 누르면서 우하행하여 6에서 지그시
　　누르면서 멈춘다.
6. 붓을 세우며 탄력을 주어 조금 빼고 다시 7에서 똑같은
　　방법으로 하고 또 8에서 똑같은 방법으로 하여 붓의 탄력을
　　가하며 뺀다.

2) 횡파

원두(圓頭)와 방두(方頭) 인데 역봉하는 방법이 각기 다르고 또한 종파는 세운 데 비하여 횡파는 누운 것이 다르다. 6, 7, 8.의 용필요령은 종파와 같다.

. 구법(鉤法)

구는 꺾어 삐치는 곳을 총칭하는 것으로 '갈고리'라고도 한다. 횡획에 붙는 구는 횡구, 종획에 붙는 구는 수구, 사획에 붙은 구는 사구라 한다.

) 수구(竪鉤)

▶ 설명

1. 중봉으로 내려와 1에서 일단 멈추었다가 좌하(左下)로 방향을 바꾸어 빼는 듯하여 2까지 끌어내린다.
2, 3, 4. 붓끝을 조금 위로 일으키며 3의 자세를 취하여 가볍게 누르는 듯하면서 4의 각도로 삐친다.

우만구(右彎鉤)

▶ 설명

1. 붓을 수직으로 세워 붓끝을 대어 뾰족하게 만든 다음 점차 누르면서 우하(右下)로 내려간다.
2. 잠시 멈추었다가 다시 우로 지그시 누르면서 붓을 움직인다.
3. 일단 멈추었다가 붓을 차츰 일으키며 4, 5, 6, 7의 순서로 방향을 바꾼다.

3) 횡절구(橫折鉤)

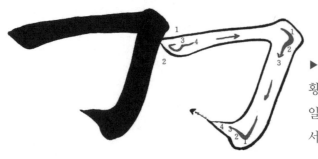

▶ 설명

횡획보다 종획을 더 굵게 한다. 삐침부분에서는 1에서
일단 멈추었다가 2, 3, 4의 순으로 붓을 약간씩 틀면
서 차츰 밀어 나아가 삐친다.

4) 사구(斜鉤)

▶ 설명

사구는 운필을 빨리하여 날렵한 멋을 살리도록 한다.
6에서 일단 멈추었다가 7, 8, 9의 순서로 점차 붓을 틀면서 붓끝을
차츰 세워 삐친다.

5) 횡절우사구(橫折右斜鉤)

▶ 설명

횡에서 종으로 꺽어지는 곳에서는 사구와 같은 운필요령으로 하고
우하행(右下行) 할 때에는 중간 부분에서 약간 힘을 빼는 기분으로
하여 허리 부분을 날렵하게 한다. 삐치는 곳에서는 점차 붓을 일으
키며 끝까지 힘을 받도록 한다.

도법(挑法)

(지침)는 우향도(右向挑)와 우상도(右上挑)가 있다.
향도-호아(虎牙)라고도 한다.
상도-횡도(橫挑)라고도 한다.
칠 때는 아래로 머물러서 다시 위쪽으로 차츰 밀어 나아가면서 붓을 점차 틀어 중봉이 된 다음에 삐쳐야한다.

우향도역필법(右向挑逆筆法)

▶ 설명
1에서 역봉하여 전필해서 2에서 우하(右下)로 점을 찍어서
3, 4, 5의 순으로 점차 중봉상태가 되도록 한다.

우상도운필법(右上挑運筆法)

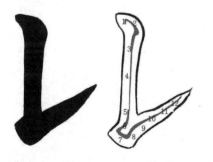

▶ 설명
6에서 봉을 똑바로 세워 좌로 끌고가 7에서 아래로 점을 찍어
머물렀다가 8. 9. 10. 11, 12의 순서대로 붓을 손가락으로 점차
들면서 붓끝을 세워 나아가 삐지는데 끝까지 힘이 들어가
있어야 한다.

7. 점법(點法)

측점(側點), 직점(直點), 좌우점(左右點), 횡사점(橫四點) 등이 있다.

1) 측점

▶ 설명

1에서 역봉하여 전필하여 우로 지긋이 점을 찍고 전필하여
우하(右下)로 머물러서 끌어내리며 붓끝을 세워 다시 점 가운데로
거슬러서 제자리에 작은 원을 그리듯이 붓끝으로만 삐친다.

2) 직점

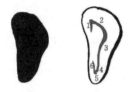

▶ 설명

머리부분이 직수의 용필법과 같으며 중봉으로 아래로 빼는듯하여
붓끝을 남겨 두었다가 똑바로 일으켜서 다시 거슬러 올라가며
거둔다.

3) 좌우점

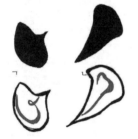

▶ 설명

ㄱ 점은 순필로 점을 찍어 우하(右下)로 각도를 머무르며 그 안에서
아래로 끌어내리며 봉을 일으켜 거슬러 올라가 제자리에서 작은 원을
그리 듯하며 마무리한다.
ㄴ의 별점은 별법에서 설명하였으니 참고할 것.

4) 횡사점

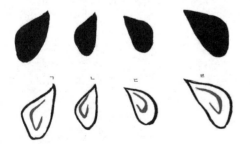

▶ 설명

대개의 점이 크기 각도 모양이 다르다.
점 ㄱ은 좌하(左下)로 향하여 순필로 점을 찍고 아래로 각도를 바꾸어
머물러서 붓끝을 아래로 끌어내리며 일으켜서 거슬러 올라가며 거둔다
ㄴ점도 용필법은 동일하다.
ㄷ, ㄹ점은 우하(右下)로 점을 찍고 아래로 각도를 바꾸어 붓끝을
일으켜 거슬러 올라가며 마무리한다.

3. 영자팔법

영자팔법은 왕희지가 만든 필법으로 이 팔법을 잘 알고 있으면 모든 문자에 응용할 수가 있다.

▶ 설명

1. 측(側) 모든 점의 기본이며 가로 눕히지 않는다.
2. 늑(勒) 가로 긋기이며 수평을 꺼린다.
3. 노(努) 내려 긋기이며 곧바로 내려 힘을 준다.
4. 적(趯) 갈고리이고 송곳 같은 세력을 요한다.
5. 책(策) 치침이며 우러러 그어주면서 살며시 든다.
6. 약(掠) 삐침으로서 왼쪽을 가볍게 흘려준다.
7. 탁(啄) 짧은 삐침으로 높이 들어 빨리 삐친다.
8. 책(磔) 파임이고 고요히 대어 천천히 옮긴다.

五體 알기

해서(楷書)

진서(眞書), 정서(正書), 금예(今隷)라고도 하며, 예서를 빨리 쓰기 위해서 용필법을 간략화 하여 만든 서체이다.

(특징) 1. 한자의 표준적인 서체

2. 점·획을 단정하게 정돈하여 짜 맞추었으므로 누구나 알기 쉽고 읽기 쉬운 서체

행서(行書)

예서가 기초가 되어 이루어진 서체로 해서에 비하면 자형도 변화시키기 쉽고 가장 많이 보편적으로 쓰여 지는 서체로서 모든 서체의 꽃이라 할 수 있다.

(특징) 1. 점획과 점획의 연속이 원활하게 쓰여 진다.

2. 해서보다는 곡선화 되고 필요에 따라 점획과 점획의 사이에 이어지는 선이 나타난다.

3. 점획을 둥그스름하게 하거나 곡선이 사용된다. 따라서 자형이 둥그스름하게 된다

초서(草書)

전서, 예서를 간략하게 한 서체로 행서를 더 풀어 점획을 줄여 흘려 쓴 서체

(특징) 1. 한자의 간략체

2. 유동미와 변화미가 있다.

3. 초서의 종류 - 독초(獨草), 연면초(連綿草), 장초(章草)

세서(隷書)

서의 번잡함을 생략하여 만들었고 각 서체 중 가장 아름답게 보이는 서체로 인장이나 상호, 각 기관 간판에 주로 쓰
l 진다.

선서(篆書)

서의 역사는 문자의 역사다. 대전(大篆)과 소전(小篆)으로 구별된다.

골(甲骨), 금석문(金石文) 등 고체(古體)를 정비하고 필획을 늘린 것이 대전이고 대전을 간략하게 한 문자를

전이라고 한다.

신 습 한 자

4급

4급에 나오는 한자(漢字)의 한글 맞춤법

소리에 관한 것

두음법칙(頭音法則)은 우리말의 첫음절 소리가 'ㄹ'이나 'ㄴ'이 옴을 꺼리는 현상을 말한다.

1. 한자음 '란, 략, 량, 렬, 롱, 류, 륜, 리'가 단어 첫머리에 올 적에는 '난, 약, 양, 열, 용, 유, 윤, 이'로 적는다.
   난:세포(卵:細胞) 난:생동물(卵:生動物) 난:리(亂:離) 난:잡(亂:雜) 약도(略圖) 약자(略字) 양곡(糧穀) 양식(糧食)
   열사(烈士) 열녀문(烈女門) 용궁(龍宮) 용왕(龍王) 용마(龍馬) 유씨(柳氏) 유:기(柳:器) 윤월(輪月)
   윤회사상(輪回思想) 이:륙(離:陸) 이:별(離:別) 이:탈(離:脫) 이:합집산(離:合集散) 등.

2. 모음이나 'ㄴ' 받침 뒤에 이어지는 '렬, 률'은 열, 율로 적는다. 계율(戒律) 계열(系列) 기율(紀律) 선열(先烈) 등

3. 접두사처럼 쓰이는 한자가 붙어서 된 말이나 합성어에서 뒷말의 첫소리가 'ㄴ' 또는 'ㄹ' 소리로 나더라도 두음 법칙에
   따라 적는다. 등용문(登龍門) 등.

4. 겹쳐 나는 소리란 한 단어 안에서 같은 음절이나 비슷한 음절이 겹쳐나는 현상으로, 겹쳐 나는 부분은 같은 글자로 적는다.
   유:유상종(類:類相從) 등.

형태에 관한 것

사이시옷은 몇 개의 두 음절로 된 한자어에서, 뒷마디의 첫소리를 된소리로 나게 하거나 'ㄴ' 소리를 첨가하기 위해
앞말에 받치어 적는 'ㅅ' 받침을 말한다. 곳간(庫間) 등.

그 밖의 것

속음(俗音)은 한자의 원래 음이 변하여 널리 통용되는 음으로 각각 그 소리에 따라 적는다. 곤란(困難) 등.

장음과 단음 표기

훈음 옆에 쌍점:을 찍은 것은 장음 한자이며 괄호 안에 쌍점(:)을 찍은 것은 단어에 따라 장단이 갈리는 한자입니다.
점이 없는 것은 단음 한자입니다. 단어에 따라 장단이 갈리는 한자도 있으니 유의하시기 바랍니다.

4급 신습한자 (250字)

대표음	한자	대표훈음	부수	획수	총획
가	暇	틈/겨를 가:	日	09	13
각	刻	새길 각	刀	06	08
각	覺	깨달을 각	見	13	20
간	簡	대쪽/간략할 간(:)	竹	12	18
간	看	볼 간	目	04	09
간	干	방패 간	干	00	03
감	甘	달 감	甘	00	05
감	敢	감히/구태여 감:	攴	08	12
갑	甲	갑옷 갑	田	00	05
강	降	내릴 강: / 항복할 항	阜	06	09

4급 신습한자 (250字)

대표음	한자	대표훈음	부수	획수	총획
거	拒	막을 거:	手	05	08
거	居	살 거	尸	05	08
거	據	근거 거:	手	13	16
거	巨	클 거:	工	02	05
걸	傑	뛰어날 걸	人	10	12
검	儉	검소할 검:	人	13	15
격	擊	칠(打) 격	手	13	17
격	激	격할 격	水	13	16
견	堅	굳을 견	土	08	11
견	犬	개 견	犬	00	04

4급 신습한자 (250字)

대표음	한자	대표훈음	부수	획수	총획
경	驚	놀랄 경	馬	13	23
경	更	고칠 경 / 다시 갱:	曰	03	07
경	傾	기울 경	人	11	13
경	鏡	거울 경:	金	11	19
계	階	섬돌 계	阜	09	12
계	鷄	닭 계	鳥	10	21
계	季	계절 계:	子	05	08
계	系	이어맬 계:	糸	01	07
계	繼	이을 계:	糸	14	20
계	戒	경계할 계:	戈	03	07

대표음	한자	대표훈음	부수	획수	총획
고	孤	외로울 고	子	05	08
고	庫	곳집 고	广	07	10
곡	穀	곡식 곡	禾	10	15
곤	困	곤할 곤:	囗	04	07
골	骨	뼈 골	骨	00	10
공	孔	구멍 공:	子	01	04
공	攻	칠(擊) 공:	攴	03	07
관	管	대롱/주관할 관	竹	08	14
광	鑛	쇳돌 광:	金	15	23
구	構	얽을 구	木	10	14

4급 신습한자 (250字)

대표음	한자	대표훈음	부수	획수	총획
군	君	임금 군	口	04	07
군	群	무리 군	羊	07	13
굴	屈	굽힐 굴	尸	05	08
궁	窮	다할/궁할 궁	穴	10	15
권	券	문서 권	刀	06	08
권	勸	권할 권:	力	18	20
권	卷	책 권(:)	卩	06	08
귀	歸	돌아갈 귀:	止	14	18
균	均	고를 균	土	04	07
극	劇	심할 극	刀	13	15

4급 신습한자 (250字)

대표음	한자	대표훈음	부수	획수	총획
근	勤	부지런할 근(:)	力	11	13
근	筋	힘줄 근	竹	06	12
기	機	틀 기	木	12	16
기	寄	부칠 기	宀	08	11
기	奇	기특할 기	大	05	08
기	紀	벼리 기	糸	03	09
납	納	들일 납	糸	04	10
단	段	층계 단	殳	05	09
도	徒	무리 도	彳	07	10
도	盜	도둑 도(:)	皿	07	12

4급 신습한자 (250字)

대표음	한자	대표훈음	부수	획수	총획
도	逃	도망할 도	辵	06	10
란	亂	어지러울 란:	乙	12	13
란	卵	알 란:	卩	05	07
람	覽	볼 람	見	14	21
략	略	간략할/약할 략	田	06	11
량	糧	양식 량	米	12	18
려	慮	생각할 려:	心	11	15
렬	烈	매울 렬	火	06	10
룡	龍	용 룡	龍	00	16
류	柳	버들 류(:)	木	05	09

4급 신습한자 (250字)

대표음	한자	대표훈음	부수	획수	총획
륜	輪	바퀴 륜	車	08	15
리	離	떠날 리:	隹	11	19
매	妹	누이 매	女	05	08
면	勉	힘쓸 면:	力	07	09
명	鳴	울 명	鳥	03	14
모	模	본뜰 모	木	11	15
묘	墓	무덤 묘:	土	11	14
묘	妙	묘할 묘:	女	04	07
무	舞	춤출 무:	舛	08	14
박	拍	칠 박	手	05	08

4급 신습한자 (250字)

대표음	한자	대표훈음	부수	획수	총획
발	髮	터럭 발	髟	05	15
방	妨	방해할 방	女	04	07
범	犯	범할 범:	犬	02	05
범	範	법 범:	竹	09	15
변	辯	말씀 변:	辛	14	21
보	普	넓을 보:	日	08	12
복	伏	엎드릴 복	人	04	06
복	複	겹칠 복	衣	09	14
부	否	아닐 부:	口	04	07
부	負	질(荷) 부:	貝	02	09

4급 신습한자 (250字)

대표음	한자	대표훈음	부수	획수	총획
분	粉	가루 분(:)	米	04	10
분	憤	분할 분:	心	12	15
비	批	비평할 비:	手	04	07
비	祕	숨길 비:	示	05	10
비	碑	비석 비	石	08	13
사	辭	말씀 사	辛	12	19
사	私	사사(私事) 사	禾	02	07
사	絲	실 사	糸	06	12
사	射	쏠 사(:)	寸	07	10
산	散	흩을 산:	攵	08	12

4급 신습한자 (250字)

대표음	한자	대표훈음	부수	획수	총획
상	傷	다칠 상	人	11	13
상	象	코끼리 상	豕	05	12
선	宣	베풀 선	宀	06	09
설	舌	혀 설	舌	00	06
속	屬	붙일 속	尸	18	21
손	損	덜 손:	手	10	13
송	頌	기릴/칭송할 송:	頁	04	13
송	松	소나무 송	木	04	08
수	秀	빼어날 수	禾	02	07
숙	叔	아재비 숙	又	06	08

4급 신습한자 (250字)

대표음	한자	대표훈음	부수	획수	총획
숙	肅	엄숙할 숙	聿	07	13
숭	崇	높을 숭	山	08	11
씨	氏	각시/성씨(姓氏) 씨	氏	00	04
액	額	이마 액	頁	09	18
양	樣	모양 양	木	11	15
엄	嚴	엄할 엄	口	17	20
여	與	더불/줄 여:	臼	07	14
역	域	지경 역	土	08	11
역	易	바꿀 역 / 쉬울 이:	日	04	08
연	燃	탈 연	火	12	16

4급 신습한자 (250字)

대표음	한자	대표훈음	부수	획수	총획
연	鉛	납 연	金	05	13
연	緣	인연 연	糸	09	15
연	延	늘일 연	廴	04	07
영	迎	맞을 영	辶	04	08
영	映	비칠 영(:)	日	05	09
영	營	경영할 영	火	13	17
예	豫	미리 예:	豕	09	16
우	優	넉넉할 우	人	15	17
우	遇	만날 우:	辶	09	13
우	郵	우편 우	邑	08	11

대표음	한자	대표훈음	부수	획수	총획
원	怨	원망할 원(:)	心	05	09
원	援	도울 원:	手	09	12
원	源	근원 원	水	10	13
위	圍	에워쌀 위	口	09	12
위	委	맡길 위	女	05	08
위	威	위엄 위	女	06	09
위	慰	위로할 위	心	11	15
위	危	위태할 위	卩	04	06
유	遊	놀 유	辵	09	13
유	乳	젖 유	乙	07	08

4급 신습한자 (250字)

대표음	한자	대표훈음	부수	획수	총획
유	儒	선비 유	人	14	16
유	遺	남길 유	辶	12	16
은	隱	숨을 은	阜	14	17
의	依	의지할 의	人	06	08
의	儀	거동 의	人	13	15
의	疑	의심할 의	疋	09	14
이	異	다를 이:	田	06	11
인	仁	어질 인	人	02	04
자	資	재물 자	貝	06	13
자	姿	모양 자:	女	06	09

4급 신습한자 (250字)

대표음	한자	대표훈음	부수	획수	총획
자	姉	손윗누이 자	女	05	08
잔	殘	남을 잔	歹	08	12
잡	雜	섞일 잡	隹	10	18
장	奬	장려할 장(:)	犬	11	15
장	裝	꾸밀 장	衣	07	13
장	腸	창자 장	肉	09	13
장	張	베풀 장	弓	08	11
장	壯	장할 장:	士	04	07
장	帳	장막 장	巾	08	11
저	底	밑 저:	广	05	08

4급 신습한자 (250字)

대표음	한자	대표훈음	부수	획수	총획
적	積	쌓을 적	禾	11	16
적	籍	문서 적	竹	14	20
적	適	맞을 적	辵	11	15
적	績	길쌈 적	糸	11	17
적	賊	도둑 적	貝	06	13
전	專	오로지 전	寸	08	11
전	轉	구를 전:	車	11	18
전	錢	돈 전:	金	08	16
절	折	꺾을 절	手	04	07
점	點	점 점(:)	黑	05	17

4급 신습한자 (250字)

대표음	한자	대표훈음	부수	획수	총획
점	占	점령할 점: / 점칠 점	卜	03	05
정	靜	고요할 정	靑	08	16
정	丁	고무래/장정 정	一	01	02
정	整	가지런할 정:	攴	12	16
제	帝	임금 제:	巾	06	09
조	條	가지 조	木	07	11
조	潮	밀물/조수 조	水	12	15
조	組	짤 조	糸	05	11
존	存	있을 존	子	03	06
종	鍾	쇠북 종	金	09	17

4급 신습한자 (250字)

대표음	한자	대표훈음	부수	획수	총획
종	從	좇을 종(:)	彳	08	11
좌	座	자리 좌:	广	07	10
주	酒	술 주(:)	酉	03	10
주	朱	붉을 주	木	02	06
주	周	두루 주	口	05	08
증	證	증거 증	言	12	19
지	持	가질 지	手	06	09
지	智	슬기/지혜 지	日	08	12
지	誌	기록할 지	言	07	14
직	織	짤 직	糸	12	18

4급 신습한자 (250字)

대표음	한자	대표훈음	부수	획수	총획
진	珍	보배 진	玉	05	09
진	盡	다할 진:	皿	09	14
진	陣	진칠 진	阜	07	10
차	差	다를 차	工	07	10
찬	讚	기릴 찬:	言	19	26
채	採	캘 채:	手	08	11
책	冊	책 책	冂	03	05
천	泉	샘 천	水	05	09
청	聽	들을 청	耳	16	22
청	廳	관청 청	广	22	25

4급 신습한자 (250字)

대표음	한자	대표훈음	부수	획수	총획
초	招	부를 초	手	05	08
추	推	밀 추	手	08	11
축	縮	줄일 축	糸	11	17
취	就	나아갈 취:	尤	09	12
취	趣	뜻 취:	走	08	15
층	層	층(層階) 층	尸	12	15
침	寢	잘 침:	宀	11	14
침	針	바늘 침(:)	金	02	10
칭	稱	일컬을 칭	禾	09	14
탄	歎	탄식할 탄:	欠	11	15

4급 신습한자 (250字)

대표음	한자	대표훈음	부수	획수	총획
탄	彈	탄알 탄:	弓	12	15
탈	脫	벗을 탈	肉	07	11
탐	探	찾을 탐	手	08	11
택	擇	가릴 택	手	13	16
토	討	칠 토(:)	言	03	10
통	痛	아플 통:	疒	07	12
투	投	던질 투	手	04	07
투	鬪	싸움 투	鬥	10	20
파	派	갈래 파	水	06	09
판	判	판단할 판	刀	05	07

4급 신습한자 (250字)

대표음	한자	대표훈음	부수	획수	총획
편	篇	책 편	竹	09	15
평	評	평할 평:	言	05	12
폐	閉	닫을 폐:	門	03	11
포	胞	세포 포(:)	肉	05	09
폭	爆	불터질 폭	火	15	19
표	標	표할 표	木	11	15
피	疲	피곤할 피	疒	05	10
피	避	피할 피:	辵	13	17
한	閑	한가할 한	門	04	12
한	恨	한(怨) 한:	心	06	09

4급 신습한자 (250字)

대표음	한자	대표훈음	부수	획수	총획
항	抗	겨룰 항:	手	04	07
핵	核	씨 핵	木	06	10
헌	憲	법 헌:	心	12	16
험	險	험할 험:	阜	13	16
혁	革	가죽 혁	革	00	09
현	顯	나타날 현:	頁	14	23
형	刑	형벌 형	刀	04	06
혹	或	혹 혹	戈	04	08
혼	婚	혼인할 혼	女	08	11
혼	混	섞을 혼:	水	08	11

4급 신습한자 (250字)

대표음	한자	대표훈음	부수	획수	총획
홍	紅	붉을 홍	糸	03	09
화	華	빛날 화	艹	07	11
환	歡	기쁠 환	欠	18	22
환	環	고리 환(:)	玉	13	17
황	況	상황 황:	水	05	08
회	灰	재 회	火	02	06
후	厚	두터울 후:	厂	07	09
후	候	기후 후:	人	08	10
휘	揮	휘두를 휘	手	09	12
희	喜	기쁠 희	口	09	12

한자학습

4급

틈 가 / 겨를(짬) 가

빌어온 날처럼 시간에 '**틈**'이 있다는 뜻입니다.

暇

日 부수 9획, 총 13획

▶ 긴소리로 읽음.　▶ 假(거짓 가), 暇(틈 가).　▶ 段(빌릴 가).

病暇 _ 병:가　병으로 말미암아 얻는 휴가.
休暇 _ 휴가　직장·학교·군대 따위의 단체에서, 일정한 기간 동안 쉬는 일.
餘暇善用 _ 여가선용　남는 여가시간을 바르게 사용하거나 효율적으로 사용하는 것

새길 각

돼지 발자국이 땅에 박히듯이
칼로 딱딱한 곳에 기호 등을 '**새긴다**'는 뜻입니다.

刻

刂 刀 부수 6획, 총 8획

▶ 彫(새길 조), 銘(새길 명).

刻苦 _ 각고　어떤 일을 이루기 위하여 어려움을 견디며 몸과 마음을 다하여 무척
　　　　애를 씀.
刻印 _ 각인　머릿속에 새겨 넣듯 깊이 기억됨.
板刻 _ 판각　나뭇조각에 그림이나 글씨를 새김.

깨달을 각

보기도 하고 배우고 하여
사물의 이치를 '**깨닫는다**'는 뜻입니다.

覺

見 부수 13획, 총 20획

▶ 學(배울 학), 覺(깨달을 각).

感覺 _ 감:각　신체 기관을 통하여 안팎의 자극을 느끼거나 알아차림.
味覺 _ 미각　맛을 느끼는 감각. 단맛, 짠맛, 신맛, 쓴맛의 네 종류의 기본 감각이 있음.
自覺 _ 자각　현실을 판단하여 자기의 입장이나 능력 따위를 스스로 깨달음.

방패 간 / 썰물 간

'방패'의 모양을 본뜬 것입니다.

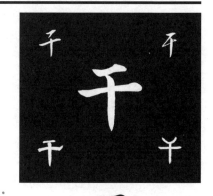

干 ↔ 滿(간만). ▶ 千(일천 천), 干(방패 간).

干城 _ **간성** 방패와 성이라는 뜻으로, 나라를 지키는 믿음직한 군대나 인물을 이르는 말.

干滿 _ **간만** 간조와 만조를 아울러 이르는 말. 우리말로 밀물과 썰물.

干伐 _ **간벌** 나무들이 적당한 간격을 유지하여 잘 자라도록 불필요한 나무를 솎아
　　　베어 냄.

干 부수 0획, 총 3획

볼 간

눈 위에 손을 얹고 먼 곳을 '**본다**'는 뜻입니다.

看過 _ **간과** 큰 관심 없이 대강 보아 넘김.

看做 _ **간주** 그러한 것으로 여김. 그렇다고 침.

看護 _ **간호** 다쳤거나 앓고 있는 환자나 노약자를 보살피고 돌봄.

目 부수 4획, 총 9획

대쪽 간 / 간략할 간 / 편지 간

편지 등의 글을 쓰기위해
대나무를 편편하게 깎아 틈을 두고
엮어만든 '**대쪽**'이라는 뜻입니다.

긴소리 또는 짧은 소리로도 읽음.

簡單 _ **간단** 단순하고 간략함.

簡便 _ **간편** 간단하고 편리하다.

簡文 _ **서간문** 편지에 쓰는 특수한 형식의 문체.

竹 부수 12획, 총 18획

달 감

입에 머금어 좋은 것은 '단'맛이라는 뜻입니다.

甘 부수 0획, 총 5획

甘草 _ 감초 콩과의 여러해살이풀. 단맛이 있으며 비위를 돕고 다른 약의 작용을
부드럽게 하므로 모든 처방에 널리 쓰임.
甘味料 _ 감미료 단맛을 내는 데 쓰는 재료를 통틀어 이르는 말.
설탕, 물엿, 과당, 포도당, 유당 따위가 있음.

감히 감 / 구태여 감

나이 많은 어른 앞에 송구함을 무릅쓰고 나아가
주시는 물건을 두손으로 '감히' 받는다는 뜻입니다.

▶ 긴소리로 읽음.

攵 攴 부수 8획, 총 12획

敢:行 _ 감:행 과감하게 실행함.
敢:不生心 _ 감:불생심 감히 엄두도 내지 못함.
敢:言之地 _ 감:언지지 거리낌 없이 말할 만한 처지(處地).

갑옷 갑 / 첫째 갑 / 나이 갑

초목의 싹이 대지를 뚫고 나올 때 겉을 딱딱하게 싸고 있는
'갑옷'모양의 씨앗 껍질을 나타낸 것입니다.

田 부수 0획, 총 5획

甲富 _ 갑부 첫째가는 큰 부자.
回甲 _ 회갑 환갑(還甲). 육십갑자의 '갑(甲)'으로 되돌아온다는 뜻으로, 예순한 살을
이르는 말.
鐵甲船 _ 철갑선 쇠로 겉을 싼 병선(兵船). 우리나라의 거북선이 세계 최초의 것임.

내릴 강 / 항복할 항

언덕 위로 올랐다가 아래로 '**내려**'온다는 뜻입니다.

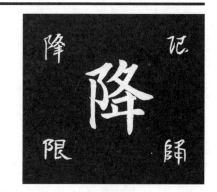

일자다음자임. 강·항　▶ 降雨量(강우량)·降伏(항복).
긴소리 또는 짧은 소리로도 읽음.

降神 _ **강:신** 제사를 지내는 절차의 하나. 처음 잔을 올리기 전에 신을 내리게 하기
　　　　 위하여 향을 피우고 술을 따라 모사(茅沙) 위에 붓는 일.
降伏 _ **항복** 적이나 상대편의 힘에 눌리어 굴복함.
降雨量 _ **강:우량** 일정 기간 동안 일정한 곳에 내린 비의 분량. 단위는 mm.

阝 阜 부수 6획, 총 9획

다시 갱 / 고칠 경

밝게 살도록 회초리를 들고 가르쳐서
고쳐줌을 거듭'**다시**' 한다는 뜻입니다.

부수는 日(가로 왈)임.　▶ 일자다음자임. 갱·경
更:生(갱생), 更:新(갱신)·更新(경신).

更生 _ **갱:생** 마음이나 생활 태도를 바로잡아 본디의 옳은 생활로 되돌아가거나
　　　　 발전된 생활로 나아감.
更新 _ **갱:신** 경신(更新)과 같은 말. 이미 있던 것을 고쳐 새롭게 함.
變更 _ **변:경** 다르게 바꾸어 새롭게 고침.

日 부수 3획, 총 7획

클 거

목수가 일할 때 손에 들고 쓰는 자는
대체로 '**크다**'는 뜻입니다.

부수는 工(장인 공)임.　▶ 긴소리로 읽음.

巨大 _ **거:대** 엄청나게 큼.
巨人 _ **거:인** 몸이 아주 큰 사람. 어떤 분야에서 뛰어난 업적을 쌓은 사람.
巨物 _ **거:물** 세력이나 학문 따위가 뛰어나 사회적으로 영향력이 큰 인물.

工 부수 2획, 총 5획

막을 거

손을 크게 휘둘러 덤벼드는 자를 '막는다'는 뜻입니다.

▶ 긴소리로 읽음.

....

拒絕 _ 거:절 상대편의 요구, 제안, 선물, 부탁 따위를 받아들이지 않고 물리침.
拒逆 _ 거:역 윗사람의 뜻이나 지시 따위를 따르지 않고 거스름.
拒否權 _ 거:부권 거부할 수 있는 권리. 국회에서 가결된 법률안에 대하여 대통령이
　　　　　　　　동의를 거부할 수 있는 권리.

扌 手 부수 5획, 총 8획

살 거

사람이 집에 오랫동안 머물러 '산다'는 뜻입니다.

▶ 活(살 활), 住(살 주).

....

居室 _ 거실 손님을 접대하거나 가족들이 함께 생활하는 서양식 집의 공간.
別居 _ 별거 부부나 한집안 식구가 따로 떨어져 삶.
居住地 _ 거주지 사람이 자리를 잡고 살아가는 일정한 장소.

尸 부수 5획, 총 8획

근거 거

나무에 매달리기도 하며 사는 원숭이는
숲이 삶의 '근거'라는 뜻입니다.

▶ 손으로 매달린다는 뜻의 재방변(扌＝手 : 손)과 豦(원숭이 거)가 합(合)하여 이루어짐.
▶ 긴소리로 읽음.

....

據點 _ 거:점 어떤 활동의 근거가 되는 중요한 지점.
根據 _ 근거 근본이 되는 거점. 어떤 일이나 의논, 의견에 그 근본이 됨. 또는 그런 까
論據 _ 논거 어떤 이론이나 논리, 논설 따위의 근거.

扌 手 부수 13획, 총 16획

뛰어날 걸 / 호걸 걸

사람들 가운데는 재주와 풍모가 '뛰어난' 이도
있다는 뜻입니다.

▶ 杰(뛰어날 걸). ▶ 秀(빼어날 수), 挺(빼어날 정), 俊(준걸 준).

傑作 _ **걸작** 매우 뛰어나게 잘된 작품.
傑出 _ **걸출** 남보다 훨씬 뛰어남. 또는 그런 사람.
英傑 _ **영걸** 영웅과 호걸을 아울러 이르는 말.

亻 人 부수 10획, 총 12획

검소할 검

사람들이 물건을 여러번 사용하니
생활이 '검소하다'는 뜻입니다.

▷ 긴소리로 읽음. ▶ 儉(검소할 검), 檢(검사할 검), 驗(시험할 험), 險(험할 험).

儉素 _ **검:소** 사치하지 않고 꾸밈없이 수수함.
儉約 _ **검:약** 돈이나 물건, 자원 따위를 낭비하지 않고 아껴 씀. 또는 그런 데가 있음.
檀君王儉 _ **단군왕검** 우리 민족의 시조로 일컬어지는 인물. 단군 신화에 따르면
　　　　　　기원전 2333년경 고조선을 건국했다고 함.

亻 人 부수 13획, 총 15획

격할 격

물결이 돌에 부딪쳐 큰소리를 내며
'격하'게 흐른다는 뜻입니다.

激變 _ **격변** 상황 따위가 갑자기 심하게 변함.
激動 _ **격동** 정세 따위가 급격하게 움직임. 감정 따위가 몹시 흥분하여 어떤 충동이
　　　　　느껴짐.
過激 _ **과:격** 정도가 지나치게 격렬함.

氵 水 부수 13획, 총 16획

칠 격

전차를 굴려가며 손에는 무기를 들고
적을 **'친다'**는 뜻입니다.

▶ 부수는 手(손 수)임.

擊退 _ **격퇴** 적을 쳐서 물리침.
擊破 _ **격파** 단단한 물체를 손이나 발 따위로 쳐서 깨뜨림.
　　　　　어떠한 세력이나 함선, 비행기 따위를 공격하여 무찌름.
進:擊 _ **진:격** 적을 치기 위하여 앞으로 나아감.

手 부수 13획, 총 17획

개 견

앞발을 들고 짖어대는 **'개'**의 모양을 본뜬 것입니다.

▶ 大(큰 대), 太(클 태), 犬(개 견).

犬公 _ **견공** 개를 의인화하여 높여 이르는 말.
愛:犬 _ **애:견** 개를 귀여워함. 또는 그 개.
忠犬 _ **충견** 주인에게 충성스러운 개. 상전에게 충실한 앞잡이 노릇을 하는 사람을
　　　　　비유적으로 이르는 말.

犬 부수 0획, 총 4획

굳을 견

땅이 단단해져 **'굳다'**는 뜻입니다.

▶ 確(굳을 확), 硬(굳을 경), 固(굳을 고).

堅固 _ **견고** 굳고 단단함. 사상이나 의지 따위가 동요됨이 없이 확고함.
堅實 _ **견실** 생각이나 태도 따위가 믿음직스럽게 굳고 착실함.
中堅手 _ **중견수** 야구에서, 외야의 가운데 지역의 수비를 맡는 선수.

土 부수 8획, 총 11획

기울 경

사람의 머리가 '**기울**'어져 있다는 뜻입니다.

▶ 歪(기울 왜), 仄(기울 측).

傾聽 _ **경청** 귀를 기울여 들음.
傾向 _ **경향** 현상이나 사상, 행동 따위가 어떤 방향으로 기울어짐.
右:傾化 _ **우:경화** 우익적인 사상으로 기울어지게 됨. 또는 그렇게 되게 함.

亻 人 부수 11획, 총 13획

놀랄 경

조심성이 많은 말이 잘 '**놀란다**'는 뜻입니다.

▶ 부수는 馬(말 마)임. ▶ 警(깨우칠 경), 驚(놀랄 경).

驚歎 _ **경탄** 몹시 놀라며 감탄함.
驚異 _ **경이** 놀랍고 신기하게 여김. 또는 그럴 만한 일.
驚天動地 _ **경천동지** 하늘을 놀라게 하고 땅을 뒤흔든다는 뜻으로, 세상을 몹시
　　　　　　　놀라게 함을 비유적으로 이르는 말.

馬 부수 13획, 총 23획

거울 경

금속의 표면을 닦아만든 '**거울**'이라는 뜻입니다.

긴소리로 읽음.

眼鏡 _ **안:경** 시력이 나쁜 눈을 잘 보이게 하기 위하여나 바람, 먼지, 강한 햇빛 따위를
　　　　　막기 위하여 눈에 쓰는 물건.
破鏡 _ **파:경** 깨어진 거울. 사이가 나빠서 부부가 헤어지는 것을 비유적으로 이르는 말.

金 부수 11획, 총 19획

경계할 계

두 손으로 창을 잡고 지키며
적을 '**경계한다**'는 뜻입니다.

▶ 긴소리로 읽음.　▶ 成(이룰 성), 戒(경계할 계).

戒:律 _ **계:율** 신도나 성직자가 도덕적인 덕을 실현하기 위한 수행상의 규범.
警:戒 _ **경:계** 잘못되는 일이 일어나지 않도록 미리 조심하는 것.
訓:戒 _ **훈:계** 타일러서 잘못이 없도록 주의를 줌. 또는 그런 말.

戈 부수 3획, 총 7획

이어맬 계

실의 끝에 실을 '**이어맨다**'는 뜻입니다.

▶ 부수는 糸(실 사)임.　▶ 긴소리로 읽음.

系:統 _ **계:통** 일정한 체계에 따라 서로 관련되어 있는 부분들의 통일적 조직.
系:列 _ **계:열** 서로 관련이 있거나 유사한 점이 있어서 한 갈래로 이어지는 계통이나
　　　　　　　조직.
母:系 _ **모:계** 어머니 쪽의 핏줄 계통.

糸 부수 1획, 총 7획

계절(철) 계 / 끝 계

곡식을 뿌리고 거둬들이는 때를 나누어
'**계절**'을 삼는다는 뜻입니다.

▶ 긴소리로 읽음.　▶ 李(오얏 리), 季(계절 계), 秀(빼어날 수).

季:節 _ **계:절** 일 년을 기후 현상의 차이에 따라 나눈 한 철.
　　　　　　　천문학상으로는 춘분, 하지, 추분, 동지로 나눔.
四:季 _ **사:계** 봄·여름·가을·겨울의 네 철.
冬季 _ **동계** 계절이 겨울인 때.

子 부수 5획, 총 8획

섬돌(계단) 계 / 계급 계

여러 개의 뒷돌을 나란히 늘어놓아
층층이 쌓은 '섬돌'이라는 뜻입니다.

▶ 級(등급 급), 段(층계 단), 層(층 층).

階段 _ 계단 사람이 오르내리기 위하여 건물이나 비탈에 만든 층층대.
　　　 어떤 일을 이루는 데에 밟아 거쳐야 할 차례나 순서.
階級 _ 계급 사회나 일정한 조직 내에서의 지위, 관직 따위의 단계.
品階 _ 품:계 여러 벼슬자리에 대하여 매기던 등급.

阝 阜 부수 9획, 총 12획

닭 계

유달리 배가 커보이는 꽁지 긴 새류인
'닭'을 나타낸 것입니다.

▶ 부수는 鳥(새 조)임.

鷄卵 _ 계란 달걀(닭이 낳은 알).
鷄林 _ 계림 '신라'의 다른 이름.
養鷄場 _ 양:계장 여러 가지 필요한 설비를 갖추어 두고 닭을 먹여 기르는 곳.

鳥 부수 10획, 총 21획

이을 계

실을 줄줄이 매어 '잇는다'는 뜻입니다.

繼 ≒ 續(계속). ▶ 斷(끊을 단), 繼(이을 계). ▶ 긴소리로 읽음.

繼續 _ 계:속 끊이지 않고 이어 나감.
繼承 _ 계:승 조상의 전통이나 문화유산, 업적 따위를 물려받아 이어 나감.
繼者 _ 후:계자 어떤 일이나 사람의 뒤를 잇는 사람.

糸 부수 14획, 총 20획

외로울 고

오이 덩굴이 먼저 마르고 열매만 달랑 남아
'외로워' 보인다는 뜻입니다.

▶ 瓜(오이 과), 子(외로울 혈).
▶ 孤 ≒ 獨(고독).

孤獨 _ 고독 세상에 홀로 떨어져 있는 듯이 매우 외롭고 쓸쓸함.
孤兒 _ 고아 부모를 여의고 홀로된 아이.
孤立 _ 고립 다른 사람과 어울리어 사귀지 아니하거나 도움을 받지 못하여 외톨이로 됨.

子 부수 5획, 총 8획

곳집(창고) 고 (곳)

옛날 수레를 넣어두던 집인 **'곳간'**을 나타낸 것입니다.

▶ 倉(곳집 창).

庫間 _ 곳간 물건을 간직하여 두는 곳.
國庫 _ 국고 국가 소유의 현금을 출납하고 보관하기 위해 중앙은행에 설치한 정부의
　　　　　　예금 계정(預金計定).
車庫 _ 차고 자동차, 기차, 전차 따위의 차량을 넣어 두는 곳.

广 부수 7획, 총 10획

곡식 곡

벼 등 껍질을 가진 온갖 **'곡식'**을 나타낸 것입니다.

▶ 벼 화(禾 : 곡식)와 殼(껍질 각)을 합한 글자임.
▶ 부수는 禾(벼 화)임.

穀食 _ 곡식 사람의 식량이 되는 쌀, 보리, 콩 따위를 통틀어 이르는 말.
穀物 _ 곡물 곡식과 같은말.
糧穀 _ 양곡 양식으로 쓰는 곡식.

禾 부수 10획, 총 15획

곤할(지칠) 곤 / 곤란할 곤

사방이 둘러싸인 속에서는 나무도
자라기 '**곤란하**'듯이 사람도 그런 상황이 되면
'**곤해**'진다는 뜻입니다.

긴소리로 읽음.

- ·境 _ **곤:경** 어려운 형편이나 처지.
- ·難 _ **곤:란** 사정이 몹시 딱하고 어려움. 또는 그런 일.
- 困 _ **빈곤** 가난하여 살기가 어려움.

口 부수 4획, 총 7획

뼈 골

살이 감싸고 있는 딱딱한 몸속의 '**뼈**' 모양을
본뜬 것입니다.

骸(뼈 해). ▶ 皮(가죽 피), 肌(살가죽 기).

- 格 _ **골격** 동물의 체형(體型)을 이루고 몸을 지탱하는 뼈. 어떤 사물이나 일에서
  계획의 기본이 되는 틀이나 줄거리.
- 骨 _ **철골** 철재로 된 건축물의 뼈대.
- 肉相爭 _ **골육상쟁** 가까운 혈족끼리 서로 싸움.

骨 부수 0획, 총 10획

구멍 공 / 성씨 공

어린아이가 엄마에게 매달리는 곳은
젖이 나오는 '**구멍**'이라는 뜻입니다.

긴소리로 읽음.

- 子 _ **공:자** 중국 춘추 시대의 사상가·학자(B.C.551~B.C.479). 인(仁)을 정치와 윤리의
  이상으로 하는 도덕주의를 설파하여 덕치 정치를 강조하였음.
- 孔 _ **기공** 식물의 잎이나 줄기의 겉껍질에 있는, 숨쉬기와 증산 작용을 하는 구멍.
- 九孔炭 _ **십구공탄** 열아홉 개의 구멍이 뚫린 연탄.

子 부수 1획, 총 4획

칠 공

장인이 만든 무기를 들고 적을 '친다'는 뜻입니다.

▶ 긴소리로 읽음. ▶ 功(공 공), 攻(칠 공).

攻
攵 攴 부수 3획, 총 7획

攻:防 _ 공:방 서로 공격하고 방어함.
攻:守 _ 공:수 공격과 수비를 아울러 이르는 말.
先攻 _ 선공 운동 경기 따위에서, 먼저 공격하는 일.

대롱 관 / 주관할 관

대나무에서도 소리냄을 주관하는 곳이
'대롱'이라는 뜻입니다.

管理 _ 관리 어떤 일의 사무를 맡아 처리함. 사람을 통제하고 지휘하며 감독함.
保:管 _ 보:관 물건을 맡아서 간직하고 관리함.
血管 _ 혈관 혈액이 흐르는 관. 동맥, 정맥, 모세 혈관으로 나눔.

管
竹 부수 8획, 총 14획

쇳돌 광 / 광물 광

넓다란 땅에 묻혀 덩어리진 금속인 '쇳돌'을
나타낸 것입니다.

▶ 긴소리로 읽음.

鑛:物 _ 광:물 지각 속에 섞여 있는 천연의 무기질로서, 각 부분의 질이 균일하고 화학
　　　　　　성분이 일정한 물질. 금이나 철, 유황 따위가 있음.
金鑛 _ 금광 금을 캐내는 광산.
鐵:鑛石 _ 철:광석 철을 함유하고 있어서 제철의 원료로 쓰이는 광석.

鑛
金 부수 15획, 총 23획

얽을 구

나무를 가로세로 쌓아올리니 **'얽어'**졌다는 뜻입니다.

構圖 _ **구도** 그림에서 모양, 색깔, 위치 따위의 짜임새.
構想 _ **구상** 앞으로 하려는 일의 전체적인 내용이나 규모, 과정 등에 대하여
　　　　　이리저리 생각함. 또는 그 생각.
構成 _ **구성** 몇 가지 부분·요소들을 모아서 일정한 전체를 짜 이룸. 또는 그 이룬 결과.

木 부수 10획, 총 14획

임금 군 / 남편 군 / 그대 군

백성을 다스리기 위해 입으로 명령을 내리는 사람이
'임금'이라는 뜻입니다.

君 ≒ 王(군왕), 主 ≒ 君(주군).

君子 _ **군자** 행실이 점잖고 어질며 덕과 학식이 높은 사람.
君主 _ **군주** 세습적으로 나라를 다스리는 최고 지위에 있는 사람.
君主制度 _ **군주제도** 임금이 나라의 대표가 되어 그 나라의 주권(主權)을 가진 제도.

口 부수 4획, 총 7획

무리 군

떼지어 사는 양처럼 임금은 백성의 **'무리'**를
거느린다는 뜻입니다.

郡(고을 군), 群(무리 군).

群島 _ **군도** 무리를 이루고 있는 크고 작은 섬들.
群衆 _ **군중** 한곳에 모인 많은 사람.
魚群 _ **어군** 물고기의 무리.

羊 부수 7획, 총 13획

굽힐 굴

좁은 집안에서 나가려고 몸을 '**굽힌다**'는 뜻입니다.

▶ 出(날 출), 拙(옹졸할 졸). ▶ 曲(굽을 곡), 折(꺾을 절), 彎(굽을 만). ▶ 伸(펼 신).

屈曲 _ 굴곡 이리저리 굽어 꺾여 있음. 사람이 살아가면서 잘되거나 잘 안되거나 하는 일이 번갈아 나타나는 변동.

屈伏 _ 굴복 머리를 숙이고 꿇어 엎드림.

屈指 _ 굴지 매우 뛰어나 수많은 가운데서 손꼽힘.

尸 부수 5획, 총 8획

다할 궁 / 궁할 궁

몸이 구멍 속의 끝까지 들어가니
막힘이 '**다했다**'는 뜻입니다.

▶ 부수는 穴(구멍 혈)임.

窮理 _ 궁리 마음속으로 이리저리 따져 깊이 생각함. 또는 그런 생각.

窮地 _ 궁지 매우 곤란하고 어려운 일을 당한 처지.

無窮花 _ 무궁화 우리나라의 국화(國花). 아욱과의 낙엽 활엽 관목. 추위에 강하며 꽃이 피는 기간이 길어 관상용으로 많이 심음.

穴 부수 10획, 총 15획

문서 권

약속한 내용을 새긴 후 반으로 잘라
증거 삼는 '**문서**'라는 뜻입니다.

▶ 도(刀 : 칼, 베다, 자르다)와 권(글자 권)이 합하여 이루어진 글자.
▶ 부수는 刀(칼 도)임. ▶ 卷(책 권), 券(문서 권).

旅券 _ 여권 외국을 여행하는 사람의 신분이나 국적을 증명하고 상대국에 그 보호를 의뢰하는 문서.

福券 _ 복권 추첨 따위를 통하여 당첨되면 상금이나 어떤 이득을 받게 되는 표.

食券 _ 식권 식당이나 음식점 따위에서 내면 음식을 주도록 되어 있는 표.

刀 부수 6획, 총 8획

책 권 / 말(두루미리) 권

대쪽에 글을 써서 무릎 관절이 구부러지듯이
엮어맨 **'책'**이라는 뜻입니다.

부수는 巳 = 卩(병부절)임.　▶ 卷(책 권), 券(문서 권).

· ·

末 _ 권말 책의 맨 끝.

卷 _ 석권 돗자리를 만다는 뜻으로, 빠른 기세로 영토를 휩쓸거나 세력 범위를
　　넓힘을 이르는 말.

卷 _ 압권 예술 작품이나 공연물 또는 어떤 대상에서 가장 뛰어난 것.

巳 卩 부수 6획, 총 8획

권할 권

황새는 사람에게 감화를 주는 상징 새로
그처럼 착한 일을 하도록 힘껏 **'권한다'**는 뜻입니다.

權(권세 권), 勸(권할 권).　▶ 부수는 力(힘 력)임.　▶ 긴소리로 읽음.　▶ 雚(황새 관).

· ·

告 _ 권:고 어떤 일을 하도록 권함.

農 _ 권:농 농사를 장려함.

學 _ 권:학 학문에 힘쓰도록 권함.

力 부수 18획, 총 20획

돌아갈 귀

여자가 지아비의 뒤를 좇아
의지할 곳으로 **'돌아간다'**는 뜻입니다.

부수는 止(그칠 지)임.　▶ 긴소리로 읽음.

· ·

家 _ 귀:가 집으로 돌아가거나 돌아옴.

國 _ 귀:국 외국에 나가 있던 사람이 자기 나라로 돌아오거나 돌아감.

歸 _ 복귀 본디의 자리나 상태로 되돌아감.

止 부수 14획, 총 18획

고를 균

흙을 가지런하게 '**고른다**'는 뜻입니다.

土 부수 4획, 총 7획

▶ 勻(고를 균/나눌 윤/운 운).

均等 _ 균등 고르고 가지런하여 차별이 없음.
均一 _ 균일 한결같이 고름.
平均 _ 평균 여러 사물의 질이나 양 따위를 통일적으로 고르게 한 것.

심할 극 / 연극 극

범과 멧돼지가 힘껏 싸워 생긴 상처가
칼로 벤 것같이 '**심하다**'는 뜻입니다.

刂 刀 부수 13획, 총 15획

劇團 _ 극단 연극을 전문으로 공연하는 단체.
劇的 _ 극적 어떤 상황·사건이 마치 연극을 보는 듯한 긴장, 감동을 불러일으키는 것
演劇 _ 연:극 배우가 각본에 따라 어떤 사건이나 인물을 말과 동작으로 관객에게
보여 주는 무대 예술. 남을 속이기 위하여 꾸며 낸 말이나 행동.

힘줄 근

힘을 쓸 때 근육이 대마디처럼
나타나는 불끈 솟은 '**힘줄**'이라는 뜻입니다.

竹 부수 6획, 총 12획

筋骨 _ 근골 근육과 뼈대를 아울러 이르는 말.
筋力 _ 근력 근육의 힘. 또는 그 힘의 지속성.
鐵筋 _ 철근 콘크리트 속에 묻어서 콘크리트를 보강하기 위하여 쓰는 막대 모양의 철

부지런할 근

진흙밭은 가물을 잘 타고 잡초가 많아
힘을 **'부지런히'** 써야 한다는 뜻입니다.

긴소리 또는 짧은 소리로도 읽음. ▶ 勸(권할 권), 勤(부지런할 근), 權(권세 권).

勤儉 _ **근검** 부지런하고 검소함.
勤續 _ **근속** 한 일자리에서 계속 근무함.
勤勞 _ **근:로** 힘을 들여 부지런히 일함.

力 부수 11획, 총 13획

벼리 기

그물의 둘레 코를 꿰어
척추뼈 마디처럼 된 **'벼리'**라는 뜻입니다.

벼리 : 고기 잡는 그물의 코를 꿰어 그물을 잡아당길 수 있게 한 동아줄.

紀律 _ **기율** 도덕상으로 여러 사람에게 행위의 표준이 될 만한 질서.
檀紀 _ **단기** 고조선의 시조인 단군왕검이 즉위한 해인 서력 기원전 2333년을
　　　　　원년(元年)으로 하는 기원.
今世紀 _ **금세기** 지금의 세기.

糸 부수 3획, 총 9획

기특할 기

특별히 커서 가히 진귀하니 **'기특하다'**는 뜻입니다.

奇妙 _ **기묘** 생김새 따위가 이상하고 묘함.
奇異 _ **기이** 기묘하고 이상함.
奇特 _ **기특** 말하는 것이나 행동하는 것이 신통하여 귀염성이 있음.

大 부수 5획, 총 8획

부칠 기

기특한 때를 못 만나 불우한 사람이
남의 집에 **'부치어'** 산다는 뜻입니다.

寄與 _ **기여** 도움이 되도록 이바지함.
寄宿舍 _ **기숙사** 학교나 회사 따위에 딸려 있어 학생이나 사원에게 싼값으로 숙식을
　　　　　제공하는 시설.
寄生蟲 _ **기생충** 다른 동물체에 붙어서 양분을 빨아 먹고 사는 벌레.

宀 부수 8획, 총 11획

틀(기계) 기 / 기회 기

나무로 몇 개의 작은 기구를
짜만든 베**'틀'**이라는 뜻입니다.

▶ 械(기계 계), 机(책상 궤/틀 기).

機關 _ **기관** 화력·수력·전력 따위의 에너지를 기계적 에너지로 바꾸는 기계 장치.
　　　　사회생활의 영역에서 일정한 역할과 목적을 위하여 설치한 기구나 조직
機能 _ **기능** 생물체의 기관, 조직, 세포의 생활 활동이나 작용. 또는 그 능력.
　　　　어떤 기관이나 단체가 가지는 고유하고 특수한 역할.

木 부수 12획, 총 16획

들일(바칠) 납

실로 짠 옷감을 세금으로 받아 관청 창고에
'들인다'는 뜻입니다.

▶ 入(들 입). ▶ 出(날 출), 吐(토할 토).

納期 _ **납기** 세금이나 공과금 따위를 내는 시기나 기한.
納得 _ **납득** 다른 사람의 말이나 행동, 형편 따위를 잘 알아서 긍정하고 이해함.
納品 _ **납품** 계약한 곳에 주문받은 물품을 가져다 줌. 또는 그 물품.

糸 부수 4획, 총 10획

층계 단

창이나 막대기 같은 도구로 쳐서
'층계'를 만든다는 뜻입니다.

殺(죽일 살/빠를 쇄), 殷(성할 은/은나라 은), 段(층계 단).

段落 _ **단락** 긴 글을 내용에 따라 나눌 때, 하나하나의 짧은 이야기 토막.
　　　　일이 어느 정도 다 된 끝.
段階 _ **단계** 일의 차례를 따라 나아가는 과정.
手段 _ **수단** 어떤 목적을 이루기 위한 방법. 또는 그 도구.

殳 부수 5획, 총 9획

무리 도 / 헛될 도

땅 위를 걸어 다니는 여러 사람들의 **'무리'**라는
뜻입니다.

走(달릴 주), 徒(무리 도).

徒黨 _ **도당** 불순한 사람의 무리. 집단을 이룬 무리.
徒勞 _ **도로** 헛되이 수고함.
暴徒 _ **폭도** 폭동을 일으키거나 폭동에 가담한 사람의 무리.

彳 부수 7획, 총 10획

도망할 도

죄지은 백성이 사람들을 피해 **'도망한다'**는 뜻입니다.

逃 ≒ 亡(도망). ▶ 桃(복숭아 도), 兆(조 조), 挑(돋울 도), 跳(뛸 도/뛸 조).

逃亡 _ **도망** 피하거나 쫓기어 달아남.
逃走 _ **도주** 도망과 같은 말.
逃避 _ **도피** 도망하여 몸을 피함. 적극적으로 나서야 할 일에서 몸을 사려 빠져나감.

辶 辵 부수 6획, 총 10획

도둑 도

그릇에 담긴 음식을 보고 침을 흘리며 몰래 집어 먹는
욕심 많은 '**도둑**'이라는 뜻입니다.

▶ 盜 ≒ 賊(도적).

盜難 _ 도난 도둑을 맞는 재난.
盜賊 _ 도적 남의 물건을 훔치거나 빼앗는 따위의 나쁜 짓.
大:盜 _ 대:도 규모가 큰 재물을 대상으로 도적질을 행하는 사람.

盜

皿 부수 7획, 총 12획

알 란 (난)

주머니 속에 든 물고기 등의
많은 '**알**'을 나타낸 것입니다.

▶ 부수는 卩(병부절)임. ▶ 긴소리로 읽음.
▶ 두음법칙에 따라 첫글자의 음이 바뀜. 란 → 난

産:卵 _ 산:란 알을 낳음.
卵:細胞 _ 난:세포 암컷의 생식 세포. 사람의 경우에는 난자(卵子)라고 함.
以:卵投石 _ 이:란투석 달걀로 돌을 친다는 뜻으로, 아주 약한 것으로 강한 것에
　　　　　　　　　　　대항하려는 어리석음을 비유적으로 이르는 말.

卵

卩 부수 5획, 총 7획

어지러울 란 (난)

이리저리 굽어 뒤얽힌 일을 다스리지 못해
'**어지럽다**'는 뜻입니다.

▶ 부수는 乙(새 을)임. ▶ 긴소리로 읽음.
▶ 두음법칙에 따라 첫글자의 음이 바뀜. 란 → 난

亂:離 _ 난:리 전쟁이나 병란(兵亂). 분쟁, 재해 따위로 세상이 소란하고 질서가
　　　　　　　어지러워진 상태.
亂:雜 _ 난:잡 행동이 막되고 문란함. 사물의 배치나 사람의 차림새 따위가
　　　　　　　어수선하고 너저분함.

亂

乙 부수 12획, 총 13획

볼 람

자세히 보고 자주 보아 골고루 '**본다**'는 뜻입니다.

閱(볼 열/셀 열), 觀(볼 관), 監(볼 감), 査(조사할 사), 審(살필 심), 察(살필 찰).

覽 _ **관람** 연극, 영화, 운동 경기, 미술품 따위를 구경함.

覽 _ **유람** 돌아다니며 구경함.

覽會 _ **전·람회** 소개, 교육, 선전 따위를 목적으로 물건이나 예술 작품을 진열하여
놓고 여러 사람에게 보이는 모임.

見 부수 14획, 총 21획

간략할 략 / 약할 략 (약)

논밭을 개간한 다음
각각 경계를 '**간략하**'게 한다는 뜻입니다.

두음법칙에 따라 첫글자의 음이 바뀜. 략 → 약

圖 _ **약도** 간략하게 줄여 주요한 것만 대충 그린 도면이나 지도.

字 _ **약자** 복잡한 글자의 점이나 획 따위의 일부를 생략하여 간략하게 한 글자.

略 _ **생략** 전체에서 일부를 줄이거나 뺌.

田 부수 6획, 총 11획

양식 량 (양)

수량과 무게 등을 헤아려 먹으려고
들여놓은 곡식인 '**양식**'을 나타낸 것입니다.

두음법칙에 따라 첫글자의 음이 바뀜. 량 → 양

穀 _ **양곡** 양식으로 쓰는 곡식.

食 _ **양식** 생존을 위하여 필요한 사람의 먹을거리.
개인이나 사회의 발전에 양분이 되는 요소.

糧米 _ **군량미** 군대의 양식으로 쓰는 쌀.

米 부수 12획, 총 18획

생각할 려

마음 속엔 맹수인 범을 두렵게 **'생각한다'**는 뜻입니다.

▶ 긴소리 또는 짧은 소리로도 읽음.

心 부수 11획, 총 15획

考慮 _ 고려 생각하고 헤아려 봄.
思慮 _ 사려 여러 가지 일에 대하여 깊게 생각함. 또는 그런 생각.
念:慮 _ 염:려 앞일에 대하여 여러 가지로 마음을 써서 걱정함. 또는 그런 걱정.

매울 렬 (열)

불길이 여러 갈래로 번져 타오름이
세차고 **'맵다'**는 뜻입니다.

▶ 부수는 灬(연화발) = 火(불 화)임.　▶ 두음법칙에 따라 첫글자의 음이 바뀜. 렬 → 열

灬 火 부수 6획, 총 10획

烈士 _ 열사 나라를 위하여 절의를 굳게 지키며 충성을 다하여 싸운 사람.
激烈 _ 격렬 말이나 행동이 세차고 사나움.
烈女門 _ 열녀문 열녀의 행적을 기리기 위하여 세운 정문(旌門).

용 룡 (용)

무궁무진한 조화를 부리며 춘분(春分)이면 하늘에 오르고
추분(秋分)이면 연못에 잠기는 비늘이 달린 상상 속의
영험한 동물인 **'용'**의 모습을 나타낸 것입니다.

▶ 두음법칙에 따라 첫글자의 음이 바뀜. 룡 → 용

龍 부수 0획, 총 16획

龍宮 _ 용궁 전설에서, 바닷속에 있다고 하는 용왕의 궁전.
靑龍 _ 청룡 사신(四神 동서남북의 네 방위를 맡은 신)의 하나. 동쪽 방위를 지키는
　　　　　 신령을 상징하는 짐승이다. 용 모양으로 무덤 속과 관의 왼쪽에 그렸음
登龍門 _ 등용문 출세를 위한 어려운 관문이나 시험을 비유적으로 이르는 말.

버들 류 (유)

가지와 나뭇잎이 무성하여 토끼 귀처럼 길게 늘어진
'버들'이라는 뜻입니다.

▶ 긴소리 또는 짧은 소리로도 읽음.

花柳會 _ **화류회** 우리나라 최초의 운동회.

觀音柳 _ **관음류** 버드나뭇과에 속한 낙엽 교목.

細柳 _ **세:류** 가지가 매우 가는 버드나무.
　　　가늘고 연연한 사물이나 사람을 비유적으로 이르는 말.

木 부수 5획, 총 9획

바퀴 륜 (윤)

여러 살대가 규칙적으로 뭉쳐져 만들어진
수레의 **'바퀴'**라는 뜻입니다.

輪作 _ **윤작** 같은 땅에 여러 가지 농작물(農作物)을 해마다 바꾸어 심는 일.

年輪 _ **연륜** 여러 해 동안 쌓은 경험에 의하여 이루어진 숙련의 정도.

五:輪旗 _ **오:륜기** 올림픽을 상징하는 기(旗). 흰 바탕에 청색, 황색, 흑색, 녹색, 적색의
　　　　고리 다섯 개를 겹쳐 놓아 오대주의 평화와 협력을 상징함.

車 부수 8획, 총 15획

떠날 리 (이)

철새는 계절이 바뀌면 장소를 바꾸어
'떠난다'는 뜻입니다.

부수는 隹(새 추)임.　▶ 긴소리로 읽음.
두음법칙에 따라 첫글자의 음이 바뀜. 리 → 이

離陸 _ **이:륙** 비행기 따위가 날기 위하여 땅에서 떠오름.

離別 _ **이:별** 사귐이나 맺은 관계를 끊고 따로 갈라섬.

離脫 _ **이:탈** 어떤 범위나 대열 따위에서 떨어져 나오거나 떨어져 나감.

隹 부수 11획, 총 19획

누이 매 / 여동생 매

누이 중에서 아직 미숙한 손아랫'**누이**'라는 뜻입니다.

▶ 姉 ↔ 妹(자매).

妹夫 _ 매부 손위 누이나 손아래 누이의 남편을 이르거나 부르는 말.
妹兄 _ 매형 손위 누이의 남편을 이르거나 부르는 말.
男妹 _ 남매 오빠와 누이를 아울러 이르는 말.

妹

女 부수 5획, 총 8획

힘쓸 면 / 장려할 면

힘을 내 아기를 빨리 낳아 고통을 면하려고
'**힘쓴다**'는 뜻입니다.

▶ 부수는 力(힘 력)임.　▶ 긴소리로 읽음.

勉:學 _ 면:학 학문에 힘씀.
勤勉 _ 근면 부지런히 일하며 힘씀.
勸:勉 _ 권:면 타일러 힘쓰게 함.

勉

力 부수 7획, 총 9획

울 명

새가 입을 벌리고 '**운다**'는 뜻입니다.

▶ 부수는 鳥(새 조)임.

鷄鳴 _ 계명 계명축시. 첫닭이 울 무렵인 축시(丑時).
悲鳴 _ 비:명 일이 매우 위급하거나 몹시 두려움을 느낄 때 지르는 외마디 소리.
共鳴 _ 공명 남의 사상이나 감정, 행동 따위에 공감하여 자기도 그와 같이 따르려 함

鳴

鳥 부수 3획, 총 14획

본뜰 모 / 모범 모

같은 물건을 여러 개 만들기를 꾀하여 나무로 틀을
'**본뜬다**'는 뜻입니다.

▶ 倣(본뜰 부), 倣(본뜰 방).
▶ 幕(장막 막), 募(모을 모/뽑을 모), 莫(없을 막/저물 모), 墓(무덤 묘).

- -

模範 _ **모범** 본받아 배울 만한 대상.
模寫 _ **모사** 사물을 형체 그대로 그림. 또는 그런 그림.
規模 _ **규모** 사물이나 현상의 크기나 범위. 씀씀이의 계획성이나 일정한 한도.

木 부수 11획, 총 15획

묘할 묘

젊은 여자의 예쁨이 '**묘하다**'는 뜻입니다.

▶ 긴소리로 읽음.
▶ 少(적을 소/젊을 소), 尖(뾰족할 첨), 沙(모래 사), 小(작을 소), 劣(못할 열).

- -

妙技 _ **묘:기** 절묘하고 비상한 기술과 재주.
妙案 _ **묘:안** 뛰어나게 좋은 생각.
微妙 _ **미묘** 어떤 현상이나 내용이 뚜렷하게 드러나지 않으면서 야릇하고 묘함.

女 부수 4획, 총 7획

무덤 묘

죽은 사람을 흙속에 감춰
보이지 않게 꾸민 '**무덤**'이라는 뜻입니다.

부수는 土(흙 토)임. ▶ 긴소리로 읽음.

- -

墓碑 _ **묘:비** 무덤 앞에 세우는 비석. 죽은 사람의 신분, 성명, 행적, 자손, 출생일,
　　　　사망일 따위를 새김.
墓地 _ **묘:지** 무덤이 있는 땅. 또는 무덤을 만들기 위해 국가의 허가를 받은 구역.
省墓 _ **성묘** 조상의 산소를 찾아가서 돌봄. 또는 그런 일. 주로 설, 추석, 한식에 함.

土 부수 11획, 총 14획

춤출 **무**

발의 위치를 똑같지 않게 엇바꿔 가면서
'춤춘다'는 뜻입니다.

▶ 부수는 舛(어그러질 천)임.　▶ 긴소리로 읽음.

舛 부수 8획, 총 14획

歌舞 _ 가무 노래와 춤을 아울러 이르는 말.
群舞 _ 군무 여러 사람이 무리를 지어 춤을 춤. 또는 그 춤.
亂:舞 _ 난:무 함부로 나서서 마구 날뜀을 비유적으로 이르는 말.

칠 **박**

장단에 맞춰 손뼉을 **'친다'**는 뜻입니다.

▶百(일백 백), 栢(측백 백), 迫(핍박할 박), 伯(맏 백/우두머리 패), 白(흰 백).

扌 手 부수 5획, 총 8획

拍子 _ 박자 음악적 시간을 구성하는 기본적 단위. 보통 마디와 일치함.
拍手 _ 박수 기쁨, 찬성, 환영을 나타내거나 장단을 맞추려고 두 손뼉을 마주 침.
拍車 _ 박차 말을 탈 때 신는 신의 끝에 톱니 바퀴가 달려 있어 말의 배를 툭툭 차서
　　　　아프게 하여 말을 빨리 달리게 하는 기구.

터럭 **발**

개꼬리 털처럼 길게 늘어진 **'터럭'**이라는 뜻입니다.

▶ 毛 ≒ 髮(모발).　▶ 髟(늘어질 표).

髟 부수 5획, 총 15획

假:髮 _ 가:발 머리털이나 이와 유사한 것으로 머리 모양을 만들어 쓰는 것.
頭髮 _ 두발 머리털. 머리에 난 털.
白髮 _ 백발 하얗게 센 머리털.

방해할 **방**

여자가 한쪽 모서리에서 떠들어대어 일을 헤살놓아
'방해한다'는 뜻입니다.

害(해할 해). ▶ 方(모 방/본뜰 방), 放(놓을 방), 防(막을 방), 芳(꽃다울 방), 訪(찾을 방).

妨害 _ **방해** 남의 일에 헤살을 놓아 해를 끼침.
無妨 _ **무방** 거리낄 것이 없이 괜찮음.
安眠妨害 _ **안면방해** 남이 잠을 잘 때에 요란스럽게 굴어서 잠을 이루지 못하게 함.

女 부수 4획, 총 7획

범할(죄) **범**

개가 사람의 바지가랑이 속의 다리를 물려고
덤벼들어 **'범한다'**는 뜻입니다.

개사슴록변(犭=犬 : 개)과 병부절(卩 : 무릎을 꿇은 모양)로 개가 사람을 해친다는 의미에서
범하다의 뜻으로 바뀜.
긴소리로 읽음.

犯人 _ **범:인** 범죄를 저지른 사람.
犯罪 _ **범:죄** 법규를 어기고 저지른 잘못.
防犯 _ **방범** 범죄가 생기지 않도록 미리 막음.

犭 犬 부수 2획, 총 5획

법 **범** / 모범 **범**

먼 길을 떠날 때 수레로 짐승을 치어 그 피로
길제사를 지내는 **'법'**으로 삼았다는 뜻입니다.

긴소리로 읽음.

範圍 _ **범:위** 어떤 것이 미치는 한계.
規範 _ **규범** 인간이 행동하거나 판단할 때에 마땅히 따르고 지켜야 할 가치 판단의
기준.
示範 _ **시:범** 모범을 보임.

竹 부수 9획, 총 15획

말씀 변

두 사람이 다투는 말을 듣고 옳고 그름을 가려
'**말씀**'을 한다는 뜻입니다.

▶ 부수는 辛(매울 신)임.　▶ 긴소리로 읽음.

辯:論 _ **변:론** 소송 당사자나 변호인이 법정에서 주장하거나 진술함.
　　　　　　 또는 그런 주장이나 진술.

達辯 _ **달변** 능숙하여 막힘이 없는 말.

雄辯 _ **웅변** 조리가 있고 막힘이 없이 당당하게 말함. 또는 그런 말이나 연설.

辯
辛 부수 14획, 총 21획

넓을 보

평평히 퍼진 구름장에 햇빛이 가려져 침침한 범위가
'**넓다**'는 뜻입니다.

▶ 긴소리로 읽음.

普:通 _ **보:통** 특별한 것이 없이 널리 통하여 예사로움.

普:及 _ **보:급** 널리 펴서 골고루 미치게 함. 널리 퍼뜨려서 알리거나 실행(實行)되게 ㅎ

普:遍 _ **보:편** 모든 것에 두루 미치거나 통함.

普
日 부수 8획, 총 12획

엎드릴 복

기르는 개가 주인 앞에서 '**엎드린다**'는 뜻입니다.

▶ 起(일어날 기).

伏兵 _ **복병** 예상하지 못한 뜻밖의 경쟁 상대. 적을 기습하기 위하여 적이 지날 만ㅎ
　　　　　　 길목에 군사를 숨김. 또는 그 군사.

伏線 _ **복선** 만일의 경우에 대비하여 남모르게 미리 꾸며 놓은 일.

三伏 _ **삼복** 초복, 중복, 말복을 통틀어 이르는 말. 여름철의 몹시 더운 기간.

伏
亻 人 부수 4획, 총 6획

겹칠 복

옷을 거듭해서 여러 겹 **'겹쳐'** 입는다는 뜻입니다.

부수는 衤(옷의변) = 衣(옷 의)임.

複線 _ **복선** 가고 오는 열차가 따로 다닐 수 있도록 두 가닥 이상으로 깔아 놓은 선로.

複道 _ **복도** 건물 안의 긴 통로. 같은 층의 방들을 이어 줌.

複寫 _ **복사** 원본을 베낌. 문서나 그림, 사진 따위를 복사기를 이용하여 같은 크기로, 또는 확대·축소하여 복제함.

衤 衣 부수 9획, 총 14획

아닐 부

입으로 아닌 것은 **'아니다'**라고 한다는 뜻입니다.

부수는 口(입 구)임. ▶ 긴소리로 읽음.

否決 _ **부:결** 의논한 안건을 받아들이지 아니하기로 결정함. 또는 그런 결정.

否認 _ **부:인** 어떤 내용이나 사실을 옳거나 그러하다고 인정하지 아니함.

可否 _ **가:부** 찬성과 반대를 아울러 이르는 말.

口 부수 4획, 총 7획

질(짐질) 부 / 패할 부

사람이 재화를 등짐으로 **'진다'**는 뜻입니다.

勝 ↔ 負(승부). ▶ 긴소리로 읽음.

負擔 _ **부:담** 어떠한 의무나 책임을 짐.

負傷 _ **부:상** 몸에 상처를 입음.

勝負 _ **승부** 이김과 짐.

貝 부수 2획, 총 9획

가루 **분**

쌀을 부수어 '**가루**'를 낸다는 뜻입니다.

▶ 米(쌀 미)와 分(나눌 분)이 합(合)하여 이루어짐.
▶ 긴소리 또는 짧은 소리로도 읽음.

粉末 _ **분말** 딱딱한 물건을 보드라울 정도로 잘게 부수거나 갈아서 만든 것.
粉乳 _ **분유** 우유 속의 수분을 증발시키고 농축하여 가루로 만든 것.
製粉 _ **제:분** 곡식이나 약재 따위를 빻아서 가루로 만듦. 특히 밀을 밀가루로 만드는
　　　 일을 가리킴.

米 부수 4획, 총 10획

분할 **분**

언짢은 일로 인해 마음속으로 크게 '**분하**'게
여긴다는 뜻입니다.

▶ 긴소리로 읽음.

憤怒 _ **분:노** 분개하여 몹시 성을 냄. 또는 그렇게 내는 성.
憤痛 _ **분:통** 몹시 분하여 마음이 쓰리고 아픔. 또는 그런 마음.
憤敗 _ **분:패** 경기나 싸움 따위에서 이길 수 있었던 것을 분하게 짐.

忄 心 부수 12획, 총 15획

비평할 **비**

손으로 만져서 옳고 그름을 견주어
'**비평한다**'는 뜻입니다.

▶ 긴소리로 읽음.

批判 _ **비:판** 비평하여 판정함.
批評 _ **비:평** 좋고 나쁨, 옳고 그름을 갈라 말함.
批准 _ **비:준** 조약의 체결에 대한 당사국의 최종적 확인·동의의 절차.
　　　 비준서의 교환 또는 기탁에 의하여 조약의 효력이 발생함.

扌 手 부수 4획, 총 7획

숨길 비

신은 반드시 신비로움을 은밀히 **'숨긴'** 것처럼 한다는
뜻입니다.

示 부수 5획, 총 10획

긴소리로 읽음.

．．．．．．．．．．．．．．．．．．．．．．．．．．．．．．．．．．．．

秘境 _ 비:경 경치가 빼어나게 아름다운 곳.
秘密 _ 비:밀 숨기어 남에게 드러내거나 알리지 말아야 할 일. 밝혀지지 않았거나
　　　　　알려지지 않은 내용.
極秘 _ 극비 절대 알려져서는 안 되는 중요한 일.

비석 비

돌에 사적 등을 써서 무덤 앞에 세운 **'비석'**이라는
뜻입니다.

石 부수 8획, 총 13획

卑(낮을 비), 婢(여자 종 비).

．．．．．．．．．．．．．．．．．．．．．．．．．．．．．．．．．．．．

碑石 _ 비석 무덤에 묻힌 사람의 이름 및 행적을 나타내거나 업적 또는 사실(事實)을
　　　　　널리 알리기 위하여 돌에 글을 새겨서 세우는 것.
口碑 _ 구:비 비석에 새긴 것처럼 오래도록 전해 내려온 말이라는 뜻으로, 예전부터
　　　　　말로 전하여 내려온 것을 이르는 말.

사사(개인) 사

양식인 벼를 자기 팔에 끌어안으니
'사사'롭다는 뜻입니다.

禾 부수 2획, 총 7획

公 ↔ 私(공사).

．．．．．．．．．．．．．．．．．．．．．．．．．．．．．．．．．．．．

私立 _ 사립 개인이 자신의 자금으로 공익의 사업 기관을 설립하여 유지함.
私心 _ 사심 사사로운 마음. 또는 자기 욕심을 채우려는 마음.
私生活 _ 사생활 개인의 사사로운 일상생활.

쏠 사

손으로 움켜쥔 화살이 몸에서 떠난다하여
'쏜다'는 뜻입니다.

▶ 부수는 寸(마디 촌)임.　▶ 긴소리 또는 짧은 소리로도 읽음.

射擊 _ 사격 총, 대포, 활 따위를 쏨.
射手 _ 사수 대포나 총, 활 따위를 쏘는 사람.
反射 _ 반사 빛이나 전파 따위가 어떤 물체의 표면에 부딪쳐 되돌아가는 현상.

射

寸 부수 7획, 총 10획

실 사

누에가 토해 낸 명주**'실'**의 모양을 나타낸 것입니다.

▶ 부수는 糸(실사변)임.

原絲 _ 원사 직물을 만드는 데 있어 원료가 되는 실.
鐵絲 _ 철사 쇠로 만든 가는 줄.
一絲不亂 _ 일사불란 한 오라기 실도 엉키지 아니함이란 뜻으로, 질서나 체계 따위가
　　　　　　　　잘 잡혀 조금도 흐트러지거나 어지러운 데가 없음을 이르는 말

絲

糸 부수 6획, 총 12획

말씀 사 / 사양할 사

죄를 다스리기 위한 글이나 **'말씀'**이라는 뜻입니다.

▶ 부수는 辛(매울 신)임.　▶ 言 ≒ 辭(언사).

辭任 _ 사임 맡아보던 일자리를 스스로 그만두고 물러남.
辭典 _ 사전 어휘를 모아 일정한 순서로 배열하여 싣고 그 표기법, 발음, 어원, 의미,
　　　　　　용법 따위를 설명한 책.
祝辭 _ 축사 축하의 뜻을 나타내는 글을 쓰거나 말을 함. 또는 그 글이나 말.

辭

辛 부수 12획, 총 19획

흩을 산

삼대에서 벗겨지는 껍질이 갈라지면서
'흩어'진다는 뜻입니다.

集 ↔ 散(집산). ▶ 긴소리로 읽음. ▶ 부수는 攵(등글월문) = 攴(칠 복)임.

:在 _ **산:재** 여기저기 흩어져 있음.

:文 _ **산:문** 외형적 규범에 얽매이지 않고 자유로운 문장으로 쓴 글. 소설, 수필 따위.

:散 _ **해:산** 모였던 사람이 흩어짐. 또는 흩어지게 함. 집단, 조직, 단체 따위가
　　　해체하여 없어짐. 또는 없어지게 함.

攵 攴 부수 8획, 총 12획

코끼리 상 / 본뜰 상

긴코·엄니·네발·꼬리 등의
'코끼리'의 모양을 본뜬 것입니다.

부수는 豕(돼지 시)임.

象 _ **인상** 어떤 대상에 대하여 마음속에 새겨지는 느낌.

象 _ **기상** 대기 중에서 일어나는 물리적인 현상을 통틀어 이르는 말.

形文字 _ **상형문자** 한자의 육서(六書)의 하나로, 물체의 형상을 본떠서 만들어진
　　　문자. '日', '月', '山', '木' 등과 같은 것이 있음.

豕 부수 5획, 총 12획

다칠 상 / 상할 상

사람의 몸이 상처를 입어 **'다쳤다'**는 뜻입니다.

사람의 몸에 상처가 나는 것은 傷(다칠 상), 마음에 상처 나는 것은 심방변(忄=心)을 쓴
傷(근심할 상)이다.

害 _ **상해** 남의 몸에 상처를 내어 해를 끼침.

處 _ **성처** 몸을 다쳐서 부상을 입은 자리.

傷 _ **손:상** 물체가 깨지거나 상함. 병이 들거나 다침.

亻 人 부수 11획, 총 13획

베풀 **선**

대궐에 계신 임금이 올바른 정사를 펴서
'베푼다'는 뜻입니다.

宀 부수 6획, 총 9획

宣傳 _ **선전** 이론, 지식 또는 사실 등을 대중에게 널리 인식시키는 일.

宣言書 _ **선언서** 어떤 일을 선언하는 내용을 적은 글이나 문서.

宣戰布告 _ **선전포고** 한 나라가 다른 나라에 대하여 전쟁을 시작한다는 것을
공식적으로 알리는 일.

혀 **설**

입 안에 있으면서 말하거나 맛을 구별하는 **'혀'**의 모양을
본뜬 것입니다.

▶ 告(고할 고), 舌(혀 설).

舌 부수 0획, 총 6획

舌戰 _ **설전** 말로 옳고 그름을 가리는 다툼.

舌音 _ **설음** 혀끝과 잇몸의 사이에서 나는 소리. ㄴ, ㄷ, ㅌ, ㄸ 따위.

口:舌數 _ **구:설수** 남과 시비하거나 남에게서 헐뜯는 말을 듣게 될 운수.

붙일 **속** / 무리 **속** / 부탁할 **촉**

짐승이나 벌레의 꼬리가 등뼈에 이어져
'붙어'있다는 뜻입니다.

尸 부수 18획, 총 21획

▶ 일자다음자임. 속 · 촉

屬國 _ **속국** 법적으로는 독립국이지만 실제로는 정치, 경제, 군사, 문화의 면에서
다른 나라의 지배적인 영향을 받는 나라.

屬性 _ **속성** 사물의 특징이나 성질.

所:屬 _ **소:속** 일정한 단체나 기관에 딸림. 또는 그 딸린 곳.

덜 손

물건을 손으로 망가뜨리니 돈이 축나
'덜'어졌다는 뜻입니다.

→ 긴소리로 읽음.

損失 _ **손:실** 잃어버리거나 축나서 손해를 봄. 또는 그 손해.
損害 _ **손:해** 물질적으로나 정신적으로 밑짐.
破損 _ **파:손** 깨어져 못 쓰게 됨. 또는 깨뜨려 못 쓰게 함.

扌 手 부수 10획, 총 13획

소나무 송

재목으로 널리 쓰이는 **'소나무'**를 나타낸 것입니다.

松花 _ **송화** 소나무의 꽃가루. 또는 소나무의 꽃. 노랗고 달착지근한 향내가 나며
　　　　다식과 같은 음식을 만드는 데 씀.
松板 _ **송판** 소나무를 켜서 만든 널빤지.
靑松 _ **청송** 푸른 소나무. 경상북도 동부 산악 지대에 자리 잡고 있는 군.

木 부수 4획, 총 8획

칭송할 송 / 기릴 송

누구에게나 공평한 얼굴로 대하는 원만한 사람을
'칭송한다'는 뜻입니다.

긴소리로 읽음.

頌祝 _ **송:축** 경사를 기리고 축하함.
稱頌 _ **칭송** 어떠한 것에 대해 칭찬하여 이르는 말.
頌德碑 _ **송:덕비** 공덕을 기리기 위하여 세운 비.

頁 부수 4획, 총 13획

빼어날 수

벼이삭 중에 특히 크고 길게 패어 탐스럽게 잘 익어
고개숙인 모습이 '**빼어나다**'는 뜻입니다.

▶ 李(오얏 리/성 리), 季(계절 계), 秀(빼어날 수).

秀才 _ **수재** 머리가 좋고 재주가 뛰어난 사람.
秀麗 _ **수려** 빼어나게 아름다움.
優秀 _ **우수** 여럿 가운데 뛰어남.

秀

禾 부수 2획, 총 7획

아재비(아저씨) 숙

손으로 솎아 줍는 어린 콩싹을 나타내어, 아직 아버지만큼
성장하지 못한 '**아재비**'란 뜻입니다.

▶ 尗(콩 숙/아저씨 숙).

叔夫 _ **숙부** 아버지의 사촌 형제로 오촌이 되는 관계.
堂叔 _ **당숙** 작은아버지. 아버지의 아우.
外:叔 _ **외:숙** 외삼촌(어머니의 남자 형제를 이르는 말).

叔

又 부수 6획, 총 8획

엄숙할 숙 / 맑을 숙

손에 붓을 잡고 먹물을 묻힐 때 몸가짐을
'**엄숙히**' 한다는 뜻입니다.

▶ 靜 ≒ 肅(정숙). ▶ 부수는 聿(오직 율)임.

肅然 _ **숙연** 고요하고 엄숙함.
肅清 _ **숙청** 혼란한 세상, 그릇된 일 따위를 엄하게 바로잡음. 정치적으로 입장을
　　　　　　달리하거나 반대하는 사람을 추방하거나 없앰.
自肅 _ **자숙** 자신의 행동을 스스로 조심함.

肅

聿 부수 7획, 총 13획

높을 숭

산의 마루가 매우 **'높다'**는 뜻입니다.

► 高(높을 고), 峻(높을 준/준엄할 준), 尊(높을 존), 埈(높을 준), 卓(높을 탁).

崇高 _ **숭고** 뜻이 높고 고상함.

崇拜 _ **숭배** 우러러 공경함.

崇禮門 _ **숭례문** 조선 시대에 건립한 한양 도성의 남쪽 정문.
　　　　사대문의 하나로, 국보 제1호.

山 부수 8획, 총 11획

각시 **씨** / 성씨 **씨** / 나라이름 **지**

나무 뿌리처럼 뻗거나 언덕에서 흩어진 돌처럼 여러 갈래로
번져나간 각각의 씨족인 **'각시'**를 나타낸 것입니다.

姓 ≒ 氏(성씨).

氏族 _ **씨족** 원시 사회에서 흔히 찾아볼 수 있는 부족 사회의 기초 단위로서, 같은
　　　　조상을 가진 친족 집단. 대개는 족외혼의 관습에 의하여 유지됨.

姓氏 _ **성:씨** 성(혈족을 나타내기 위하여 붙인 칭호)을 높여 이르는 말.

氏 부수 0획, 총 4획

이마 **액**

사람 머리의 앞부분으로 잘 보이고
훤한 **'이마'**라는 뜻입니다.

額數 _ **액수** 돈의 머릿수.

額字 _ **액자** 현판에 쓴 큰 글자.

定額 _ **정:액** 일정하게 정하여진 액수.

頁 부수 9획, 총 18획

모양 양

양의 창자처럼 꾸불꾸불하고 긴 나무의 껍질 '**모양**'이라는
뜻입니다.

▶ 形(모양 형), 姿(모양 자), 貌(모양 모).
▶ 羊(양 양), 祥(상서 상), 詳(자세할 상), 洋(큰 바다 양).

樣相 _ **양상** 사물이나 현상의 모양이나 상태.
樣式 _ **양식** 일정한 모양이나 형식.
多樣 _ **다양** 여러 가지 모양이나 양식.

木 부수 11획, 총 15획

엄할 엄

험한 산에 우뚝 솟은 바위같은 위엄으로 호령한다는 데서
'**엄하다**'는 뜻입니다.

嚴格 _ **엄격** 말, 태도, 규칙, 따위가 매우 엄하고 철저함. 또는 그런 품격.
嚴禁 _ **엄금** 엄하게 금지함.
嚴正 _ **엄정** 엄격하고 바름.

口 부수 17획, 총 20획

더불 여 / 줄 여 / 참여할 여

두 사람이 손으로 맞들어 주어 함께 '**더불**'어
한다는 뜻입니다.

▶ 與 ↔ 野(여야). ▶ 긴소리로 읽음. ▶ 與(더불 여), 興(일 흥).

與件 _ **여:건** 주어진 조건.
與否 _ **여:부** 그러함과 그러하지 아니함. 틀리거나 의심할 여지.
參與 _ **참여** 어떤 일에 끼어 들어 관계함.

臼 부수 8획, 총 14획

바꿀 **역** / 쉬울 **이**

도마뱀의 몸빛깔이 햇빛에 쉽게 잘 **'바뀐다'**는 뜻입니다.

日 부수 4획, 총 8획

▶ 일자다음자임. 역·이　▶ 긴소리 또는 짧은 소리로도 읽음.

交易 _ **교역** 주로 나라와 나라 사이에서 물건을 사고팔고 하여 서로 바꿈.
貿易 _ **무역** 나라와 나라 사이에 서로 물품을 매매하는 일.
難易度 _ **난이도** 어려움과 쉬움의 정도.

지경 **역** / 범위 **역**

혹시 적이 침입하지 않을까 우려되는 국경의 땅인
'지경'을 나타낸 것입니다.

土 부수 8획, 총 11획

▶ 境 ≒ 域(경역).

區域 _ **구역** 갈라놓은 지역.
地域 _ **지역** 일정하게 구획된 어느 범위의 토지.
廣域市 _ **광:역시** 상급 지방 자치 단체의 하나. 1995년 1월에 '직할시'를 고친 것으로,
　　　　　 현재의 광주, 대구, 대전, 부산, 울산, 인천이 이에 해당함.

늘일 **연** / 뻗칠 **연**

발을 끌며 걷는 폭을 **'늘인다'**는 뜻입니다.

延(조정 정).

延期 _ **연기** 정해진 기한을 뒤로 물려서 늘림.
延着 _ **연착** 정하여진 시간보다 늦게 도착함.
延長戰 _ **연장전** 운동 경기에서, 정한 횟수나 정한 시간 안에 승부가 나지 않을 때,
　　　　　 횟수나 시간을 연장하여 계속하는 경기.

廴 부수 4획, 총 7획

탈(불사를) 연

불을 살라 '**타**'게 한다는 뜻입니다.

火 부수 12획, 총 16획

燃料 _ 연료 열, 빛, 동력(動力) 따위의 에너지를 얻고자 연소시키는 재료를 통틀어
이르는 말. 석탄, 연탄, 장작, 숯, 휘발유, 알코올 등.
燃燈會 _ 연등회 석가모니의 탄생일에 불을 켜고 복을 비는 의식.
可燃性 _ 가:연성 불에 잘 탈 수 있거나 타기 쉬운 성질.

납 연 / 분 연

녹았을 때나 녹지 않았을 때나 늪의 물빛처럼 푸르스름하고
잿빛을 띠는 금속인 '**납**'을 뜻입니다.

金 부수 5획, 총 13획

鉛筆 _ 연필 흑연과 점토를 재료로 심(心)을 나무판 속에 넣은 만든 필기도구.
黑鉛 _ 흑연 순수한 탄소로 이루어진 광물의 하나. 검은색을 띠고 금속광택이 있음.
鉛鐵 _ 연철 무쇠를 불려서 만든 쇠.
단련하는 방법에 따라서 유철과 강철의 두 가지로 구분됨.

인연 연

천이 끊긴 데를 실로 감치며 가선을 둘러 올이
풀리지 않게 하듯이 그렇게 맺은 '**인연**'이라는 뜻입니다.

糸 부수 9획, 총 15획

▶ 錄(기록할 록), 綠(푸를 록), 緣(인연 연).

緣分 _ 연분 사람들 사이에 관계를 맺게 되는 인연. 부부가 되는 인연.
因緣 _ 인연 사람과 사람 사이의 연분 또는 사람이 상황이나 일, 사물과 맺어지는 관:
血緣 _ 혈연 같은 핏줄에 의하여 연결된 인연.

맞을 영

오는 사람을 마중나가 우러러 **'맞는다'**는 뜻입니다.

▶ 送 ↔ 迎(송영).

迎入 _ **영입** 환영하여 받아들임.
迎接 _ **영접** 손님을 맞아서 대접하는 일.
歡迎 _ **환영** 오는 사람을 기쁜 마음으로 반갑게 맞음.

辶 辵 부수 4획, 총 8획

비칠 영

태양이 하늘 가운데서 밝게 **'비친다'**는 뜻입니다.

▶ 照(비칠 조). ▶ 英(꽃부리 영), 央(가운데 앙), 殃(재앙 앙).

映畫 _ **영화** 일정한 의미를 갖고 움직이는 대상을 촬영하여 영사기로 영사막에
　　　　재현하는 종합 예술.
放映 _ **방:영** 텔레비전으로 방송을 하는 일.

日 부수 5획, 총 9획

경영할 영

화려한 집을 짓는데 규모와 계획을 세워 다스리는 것으로
'경영한다'는 뜻입니다.

부수는 火(불 화)임.

營業 _ **영업** 영리를 목적으로 하는 사업. 또는 그런 행위.
營利 _ **영리** 재산상의 이익을 꾀함. 또는 그 이익.
經營 _ **경영** 기업이나 사업 따위를 관리하고 운영함.

火 부수 13획, 총 17획

미리 예 / 맡길 예

코끼리의 코에 먹이를 미리주어 **'맡긴다'**는 뜻입니다.

豕 부수 9획, 총 16획

▶ 부수는 豕(돼지 시)임. ▶ 긴소리로 읽음.

豫:感 _ 예:감 어떤 일이 일어나기 전에 암시적으로 또는 본능적으로 미리 느낌.
豫:備 _ 예:비 필요할 때 쓰기 위하여 미리 마련하거나 갖추어 놓음.
豫:約 _ 예:약 미리 약속함. 또는 미리 정한 약속.

우편 우

변방에 있는 고을과의 서신과 연락을
'우편'으로 한다는 뜻입니다.

阝邑 부수 8획, 총 11획

郵便 _ 우편 편지 및 소포 따위의 물품을 일정한 절차에 따라 전국이나 전 세계에
　　　　　보내는 업무. 우편으로 전달되는 서신이나 물품을 통틀어 이르는 말.
郵送 _ 우송 우편으로 보냄.
郵票 _ 우표 우편 요금을 낸 표시로 우편물에 붙이는 증표.

만날 우

짐승들은 돌아다니다가 우연히
잘 **'만난다'**는 뜻입니다.

辶 辵 부수 9획, 총 13획

▶ 긴소리로 읽음.

境遇 _ 경우 놓여 있는 조건이나 놓이게 된 형편이나 사정. 사리나 도리.
待遇 _ 대:우 직장에서의 지위나 급료 따위의 근로 조건.
處遇 _ 처우 조처하여 대우함. 또는 그런 대우.

넉넉할 우 / 뛰어날 우

남을 걱정해주는 사람은 도량이
크고 **'넉넉하다'**는 뜻입니다.

劣(못할 열).　▶ 憂(근심 우).

優待 _ **우대** 특별히 잘 대우함. 또는 그런 대우.
優等 _ **우등** 우수한 등급. 성적 따위가 우수한 것. 또는 그런 성적.
優勝 _ **우승** 경기, 경주 따위에서 이겨 첫째를 차지함. 또는 첫째 등위.

亻 人 부수 15획, 총 17획

원망할 원 / 원수 원

잠자리에서까지도 뒤척거리며 언짢게 생각하며
'원망한다'는 뜻입니다.

긴소리로 읽음.

怨讐 _ **원:수** 원한이 맺힐 정도로 자기에게 해를 끼친 사람이나 집단.
怨望 _ **원:망** 못마땅하게 여기어 탓하거나 불평을 품고 미워함.
宿怨 _ **숙원** 오랫동안 품고 있는 원한. 또는 그런 원한을 품은 대상.

心 부수 5획, 총 9획

근원 원

언덕 밑에서 솟아나는 샘은
곧 흐르는 물의 **'근원'**이 된다는 뜻입니다.

願(원할 원), 原(언덕 원/근원 원).

源流 _ **원류** 강이나 내의 본줄기. 사물이나 현상의 본래 바탕.
根源 _ **근원** 사물이 비롯되는 근본이나 원인.
資源 _ **자원** 인간의 생활 및 경제 생산에 이용되는 물적 자료 및 노동력, 기술 등을
　　　　　통틀어 이르는 말.

氵 水 부수 10획, 총 13획

도울 원

손으로 끌어당겨 주듯이 '**도운다**'는 뜻입니다.

才 手 부수 9획, 총 12획

▶ 긴소리로 읽음.

援助 _ **원:조** 물품이나 돈 따위로 도와줌.
救援 _ **구:원** 어려움이나 위험에 빠진 사람을 구하여 줌.
支援 _ **지원** 지지하여 도움.

위태할 위

사람이 절벽 위에 쭈그려 앉아있는 모습이
'**위태하다**'는 뜻입니다.

巳 卩 부수 4획, 총 6획

▶ 安 ↔ 危(안위).

危險 _ **위험** 해로움이나 손실이 생길 우려가 있음. 또는 그런 상태.
危急 _ **위급** 몹시 위태롭고 급함.
危重 _ **위중** 어떤 사태가 매우 위태롭고 중함.

맡길 위

여자가 벼이삭처럼 고개를 숙이고 몸을 남편에게
'**맡긴다**'는 뜻입니다.

女 부수 5획, 총 8획

▶ 預(맡길 예/미리 예), 託(부탁할 탁), 托(맡길 탁), 任(맡길 임/맞을 임).

委員 _ **위원** 선거·임명에 의해 지명돼 단체의 특정 사항을 처리할 것을 위임받은 사…
委任 _ **위임** 어떤 일을 책임 지워 맡김. 또는 그 책임.
特委 _ **특위** 특별 위원회(국회에서, 특별히 필요하다고 인정한 안건(案件)을 심사하…
위하여 구성하는 위원회)를 줄여 이르는 말.

위엄 위

시어미는 집안에서 세워진 창처럼
꼿꼿하여 **'위엄'**이 있다는 뜻입니다.

부수자는 女(계집 녀)임.

力 _ **위력** 상대를 압도할 만큼 강력함. 또는 그런 힘.
勢 _ **위세** 위엄이 있거나 맹렬한 기세.
國威 _ **국위** 나라의 권위나 위력.

女 부수 6획, 총 9획

에워쌀 위

겹겹으로 둘러싼 성의 주위를 병사들이
'에워싼다'는 뜻입니다.

부수는 囗(큰입구몸)임.

包圍 _ **포:위** 주위를 에워쌈.
圍 _ **주위** 어떤 사물이나 사람을 둘러싸고 있는 것. 또는 그 환경.
　　　 어떤 곳의 바깥 둘레.
障 _ **위장** 경계선에 설치한 담.

囗 부수 9획, 총 12획

위로할 위

편안한 마음을 가지도록 **'위로한다'**는 뜻입니다.

尉(벼슬 위/위로할 위).

勞 _ **위로** 따뜻한 말이나 행동으로 괴로움을 덜어 주거나 슬픔을 달래 줌.
問 _ **위문** 위로하기 위하여 문안하거나 방문함.
慰 _ **자위** 자기 마음을 스스로 위로함.

心 부수 11획, 총 15획

젖 유

어미새가 발톱으로 알을 품듯이 엄마가 아이를
손으로 잡아 앉고 **'젖'**을 먹인다는 뜻입니다.

乙 부수 7획, 총 8획

▶ 부수는 乙(새 을)임.

乳兒 _ 유아 젖먹이(젖을 먹는 어린아이).
豆乳 _ 두유 콩에서 짜낸 기름. 리놀산이 많이 함유되어 있어 정제하여 식용함.
母:乳 _ 모:유 어머니의 젖.

놀 유

어린애가 깃발을 들고 다니며 **'논다'**는 뜻입니다.

辶 辵 부수 9획, 총 13획

▶ 㫃(유)는 기가 펄럭이고 있는 모양을 나타냄.

遊興 _ 유흥 흥겹게 놂.
遊說 _ 유세 자기 의견 또는 자기 소속 정당의 주장을 선전하며 돌아다님.
交遊 _ 교유 서로 사귀어 놀거나 왕래함.

남길 유 / 끼칠 유

길을 가다가 귀한 물건을 깜박 **'남기'**고 떠나
잃어버렸다는 뜻입니다.

辶 辵 부수 12획, 총 16획

遺言 _ 유언 죽음에 이르러 말을 남김. 또는 그 말.
遺産 _ 유산 죽은 사람이 남겨 놓은 재산. 앞 세대가 물려준 사물 또는 문화.
遺物 _ 유물 선대의 인류가 후대에 남긴 물건.

선비 유

빗물이 만물을 적시듯이 덕으로써 가르침을 베푸는 사람이
'선비'라는 뜻입니다.

彦(선비 언), 士(선비 사).　▶ 需(쓰일 수/쓸 수).

儒學 _ 유학 중국의 공자를 시조로 하고 그의 가르침을 근본으로 삼는 전통적인
　　　학문. 인(仁)과 예(禮)를 근본 개념으로 하여, 실천을 중심 과제로 함.
儒林 _ 유림 유학을 신봉하는 선비의 무리. 또는 그러한 모임.
儒生 _ 유생 유학(儒學)을 공부하는 선비.

亻 人 부수 14획, 총 16획

숨을 은

산언덕 밑에서 조심스레 **'숨어'** 산다는 뜻입니다.

顯(나타날 현), 見(볼 견/뵈올 현), 現(나타날 현).

隱居 _ 은거 세상을 피하여 숨어서 삶.
隱密 _ 은밀 숨어 있어서 겉으로 드러나지 아니함.
隱身 _ 은신 몸을 숨김.

阝 阜 부수 14획, 총 17획

의지할 의

사람의 몸을 가리는 것은 옷에 **'의지한다'**는 뜻입니다.

倚(의지할 의/기이할 기).

依據 _ 의거 어떤 사실이나 원리 따위에 근거함.
依存 _ 의존 다른 것에 의지하여 존재함.
歸:依 _ 귀:의 돌아가거나 돌아와 몸을 의지함.

亻 人 부수 6획, 총 8획

거동 의

올바른 사람의 행동인 '**거동**'을 나타낸 것입니다.

▶ 義(옳을 의), 議(의논할 의).

儀禮 _ 의례 행사를 치르는 일정한 법식.
儀仗隊 _ 의장대 국가 경축 행사나 외국 사절에 대한 환영, 환송 따위의 의식을 베풀기 위하여 특별히 조직·훈련된 부대.
儀服 _ 의복 의식을 치르거나 특별히 예절을 차릴 때에 입는 옷.

亻 人 부수 13획, 총 15획

의심할 의

어린 아이가 마음에 이끌리어 갈 곳을 정하지 못하고 '**의심한다**'는 뜻입니다.

▶ 부수는 疋(필 필)임.

疑心 _ 의심 확실히 알 수 없어서 믿지 못하는 마음.
疑問 _ 의문 의심스럽게 생각함. 또는 그런 문제나 사실.
質疑應答 _ 질의응답 의심나는 점을 묻고 물음에 대답을 하는 일.

疋 부수 9획, 총 14획

다를 이

사람이 두 손을 들어 가면을 쓰니 얼굴이 '**다르다**'는 뜻입니다.

▶ 共(공)은 양손을 벌린 사람의 모양이고 田(전)은 탈이나 가면을 쓴 모양을 나타냄.
▶ 부수는 田(밭 전)임. ▶ 긴소리로 읽음.

異:變 _ 이:변 예상하지 못한 사태나 괴이한 변고.
異:性 _ 이:성 성(性)이 다른 것. 남성 쪽에선 여성을, 여성 쪽에선 남성을 가리킴.
大:同小異 _ 대:동소이 큰 차이 없이 거의 같음.

田 부수 6획, 총 11획

어질 인

두 사람 사이의 기본이 되는 착하고 어진 '마음'을
나타낸 것입니다.

賢(어질 현), 良(어질 양), 慈(사랑 자).

- 仁術 _ 인술 사람을 살리는 어진 기술이라는 뜻으로, '의술(醫術)'을 이르는 말.
- 仁者無敵 _ 인자무적 어진 사람은 모든 사람이 사랑하므로 세상에 적이 없음.
- 仁義禮智信 _ 인의예지신 유학에서, 사람이 마땅히 지켜야 할 다섯 가지 도리. 곧
  어질고, 의롭고, 예의 바르고, 지혜롭고, 믿음직함을 이름.

亻 人 부수 2획, 총 4획

손위누이 자 / 언니 자

여자 형제 중에서 먼저 태어나 성숙하게 자란
'손위누이'라는 뜻입니다.

姉 ↔ 妹(자매). ▶ 姉 = 姊(손위누이 자).

- 姉妹 _ 자매 여자끼리의 동기(同氣). 언니와 여동생 사이를 이름.
- 姉兄 _ 자형 매형. 손위 누이의 남편을 이르거나 부르는 말.
- 兄弟姉妹 _ 형제자매 남자 형제와 여자 형제를 아울러 이르는 말.

女 부수 5획, 총 8획

모양 자

차례로 늘어 앉은 여자들의 맵시 '모양'을
강조한 것입니다.

姿 ≒ 態(자태). ▶ 긴소리로 읽음.

- 姿勢 _ 자:세 몸을 움직이거나 가누는 모양. 사물을 대할 때 가지는 마음가짐.
- 姿態 _ 자:태 어떤 대상의 생김새나 모양. 주로 여성의 고운 맵시나 태도에 대하여
  이르며 식물, 동물, 강이나 산 등을 사람에 비유하여 이르기도 함.
- 姿色 _ 자:색 여자의 아름다운 모습과 얼굴빛.

女 부수 6획, 총 9획

재물 자

금전 또는 물품을
차례차례 쌓아놓은 **'재물'**이라는 뜻입니다.

▶ 貨(재물 화), 財(재물 재).

資格 _ 자격 일정한 신분이나 지위를 가지거나 일정한 일을 하는 데 필요한 조건이나
능력.

資質 _ 자질 어떤 분야의 일에 대한 능력이나 실력의 정도. 타고난 성품이나 소질.

物資 _ 물자 어떤 활동에 필요한 여러 가지 물건이나 재료.

資

貝 부수 6획, 총 13획

남을 잔 / 잔인할 잔

창들에 찔려 뼈가 드러나는 상처만 **'남았다'**는 뜻입니다.

▶踐(밟을 천), 錢(돈 전), 賤(천할 천), 淺(얕을 천).

殘像 _ 잔상 주로 시각(視覺)에 있어서 자극이 없어진 뒤에도, 감각 경험이 지속되거나
재생하여 생기는 상(像).

殘金 _ 잔금 쓰고 남은 돈. 집이나 토지 따위를 매각한 값을 여러 번 나누어 치르는
일에서 마지막으로 치르는 돈.

殘

歹 부수 8획, 총 12획

섞일 잡

새의 날개에 알락달락한 깃이 모인 것처럼
여러 빛깔의 천이 **'섞여'** 어수선하다는 뜻입니다.

▶ 부수는 隹(새 추)임.

雜穀 _ 잡곡 쌀 이외의 모든 곡식. 보리, 밀, 콩, 팥, 옥수수, 기장, 조 따위를
통틀어 이름.

雜念 _ 잡념 여러 가지 잡스러운 생각.

雜談 _ 잡담 쓸데없이 지껄이는 말.

雜

隹 부수 10획, 총 18획

장할 **장** / 씩씩할 **장**

나무를 조각낼 수 있는
기운찬 남자가 **'장하다'**는 뜻입니다.

부수는 士(선비 사)임.　▶ 긴소리로 읽음.

士觀 _ **장:관** 훌륭하고 장대한 광경.
꼴이 볼만하다는 뜻으로, 남의 상태나 행동거지를 얕잡아 이르는 말.
士元 _ **장:원** 과거(科擧)의 갑과(甲科)에서 일등으로 급제함. 또는 그런 사람.
健壯 _ **건:장** 몸이 튼튼하고 기운이 셈.

士 부수 4획, 총 7획

장막 **장**

추위나 햇볕을 막기 위해
길게 피륙을 이어 둘러친 **'장막'**이라는 뜻입니다.

수건 건(巾 : 옷감, 피륙)과 길 장(長 : 길다, 펴다)으로 이루어짐.
幕(장막 막).　▶ 張(베풀 장).

元帳 _ **원장** 자산이나 부채, 자본의 상태를 표시하는 계정을 모두 기록하는 장부.
通帳 _ **통:장** 금융 기관에서, 예금을 하거나 대출을 한 사람에게 출납(出納)의 상태를
기록하여 주는 장부.
日記帳 _ **일기장** 날마다 겪은 일이나 느낌 등을 적는 공책.

巾 부수 8획, 총 11획

베풀 **장**

활시위를 길게 잡아당겨 쏘는 일을 **'베푼다'**는 뜻입니다.

設(베풀 설), 施(베풀 시), 陳(베풀 진).

主張 _ **주장** 자기의 의견이나 주의를 굳게 내세움. 또는 그런 의견이나 주의.
出張 _ **출장** 용무를 위하여 임시로 다른 곳으로 나감.
張本人 _ **장본인** 어떤 일을 꾀하여 일으킨 바로 그 사람.

弓 부수 8획, 총 11획

장려할 장

장차 큰 일을 하도록 **'장려한다'**는 뜻입니다.

犬 부수 11획, 총 15획

▶ 부수는 犬(개 견)임.　▶ 긴소리로 읽음.

勸:獎 _ 권:장 권하여서 장려함.
獎:學生 _ 장:학생 장학금을 받는 학생.
獎:勵 _ 장:려 좋은 일에 힘쓰도록 권하여 북돋아 줌.

창자 장

햇볕을 받으며 펄럭펄럭 휘날리는 깃발처럼
몸속에 구불구불한 모양으로 들어있는
'창자'를 나타낸 것입니다.

月 肉 부수 9획, 총 13획

▶ 부수는 月(육달월변) = 肉(고기 육)임.

斷:腸 _ 단:장 매우 슬퍼 창자가 끊어지는 듯함.
九折羊腸 _ 구절양장 아홉 번 꼬부라진 양의 창자라는 뜻으로, 꼬불꼬불하며 험한 산길을 이르는 말.
十二指腸 _ 십이지장 위의 날문에서 빈창자 사이에 있는 작은창자의 첫 부분.

꾸밀 장

옷을 성하게 차려입어 겉을 **'꾸민다'**는 뜻입니다.

衣 부수 7획, 총 13획

▶ 부수는 衣(옷 의)임.

裝備 _ 장비 장치나 설비 따위를 갖추어 차림. 또는 그 장치나 설비.
假:裝 _ 가:장 어떤 태도나 상황 등을 거짓으로 꾸밈.
包裝 _ 포장 물건을 싸거나 꾸림. 또는 싸거나 꾸리는 데 쓰는 천이나 종이.

밑 저

바위집 아래의 낮은 곳인 **'밑'**을 뜻합니다.

긴소리로 읽음.

．．．．．．．．．．．．．．．．．．．．．．．．．．．．．．

力 _ **저:력** 속에 간직하고 있는 든든한 힘.

邊 _ **저:변** 어떤 대상의 아래를 이루는 부분.

底 _ **해:저** 바다의 밑바닥.

广 부수 5획, 총 8획

도둑 **적** / 해칠 **적**

병장기를 들고 설치며 남의 재물을 훔치는
'도둑'을 뜻합니다.

盜 ≒ 賊(도적).

．．．．．．．．．．．．．．．．．．．．．．．．．．．．．．

賊 _ **도적** 남의 재물을 훔치거나 빼앗는 사람.

賊 _ **산적** 산 속에 살며 지나가는 사람의 재물을 빼앗는 도적.

賊 _ **해:적** 바다를 다니며 배를 습격하여 재물을 빼앗는 도둑.

貝 부수 6획, 총 13획

맞을 **적** / 마땅할 **적**

나무뿌리가 사방으로 뻗어나가 가지가 자라는데
'맞게'한다는 뜻입니다.

敵(대적할 적), 摘(딸 적), 滴(물방울 적).

．．．．．．．．．．．．．．．．．．．．．．．．．．．．．．

當 _ **적당** 정도에 알맞음.

用 _ **적용** 알맞게 이용하거나 맞추어 씀.

性 _ **적성** 어떤 일에 알맞은 성질이나 적응 능력. 또는 그와 같은 소질이나 성격.

辶 부수 11획, 총 15획

쌓을 적

자기가 벤 볏단을 책임지고 **'쌓는다'**는 뜻입니다.

▶ 債(빚 채), 責(꾸짖을 책), 績(길쌈할 적), 蹟(자취 적).

積金 _ **적금** 돈을 모아 둠. 또는 그 돈. 금융 기관에 일정 금액을 일정 기간 동안
불입한 다음에 찾는 저금.
積善 _ **적선** 구걸하는 데에 응하여 돈 따위를 줌.
面:積 _ **면:적** 평면이나 구면이 차지하는 넓이의 크기.

禾 부수 11획, 총 16획

길쌈 적

실을 겹겹으로 감아 **'길쌈한다'**는 뜻입니다.

▶ 길쌈 : 실을 내어 옷감을 짜는 모든 일을 통틀어 이르는 말.

功績 _ **공적** 노력과 수고를 들여 이루어 낸 일의 결과.
成績 _ **성적** 학생들이 배운 지식, 기능, 태도 따위를 평가한 결과.
해 온 일의 결과로 얻은 실적.
業績 _ **업적** 어떤 사업이나 연구 따위에서 세운 공적.

糸 부수 11획, 총 17획

문서 적

밭을 갈때 이랑이 겹쳐지듯 대쪽을 엮어 호수나 인구를
적은 **'문서'**라는 뜻입니다.

▶ 章(글 장), 書(글 서), 文(글월 문), 冊(책 책), 典(법 전).

國籍 _ **국적** 일정한 사람이 한 국가의 구성원이 되는 자격이나 신분.
本籍 _ **본적** 호적법에서, 호적이 있는 지역을 이르던 말.
書籍 _ **서적** 책(일정한 목적, 내용, 체재에 맞추어 사상, 감정, 지식 따위를 글이나
그림으로 표현하여 적거나 인쇄하여 묶어 놓은 것).

竹 부수 14획, 총 20획

오로지 전

실을 잣는 물레바퀴는 규칙적으로 한쪽으로만
'오로지' 돈다는 뜻입니다.

- 專(전)은 본디 물레의 모양을 나타낸 것임.
- 부수는 寸(마디 촌)임.

專攻 _ 전공 어느 한 분야를 전문적으로 연구함. 또는 그 분야.
專門 _ 전문 한 분야에 대해 풍부하고 깊이 있는 지식과 경험을 가지고 그 일만을 함.
　　　　　또는 그 일이나 분야.
專用 _ 전용 특정한 목적으로 일정한 부문에만 한하여 씀.

寸 부수 8획, 총 11획

구를 전

수레바퀴가 둥글어 잘 **'굴러'**간다는 뜻입니다.

긴소리로 읽음.

轉移 _ 전:이 사물이 시간이 지남에 따라 변하고 바뀜.
轉學 _ 전:학 다니던 학교에서 다른 학교로 학적을 옮겨 가서 배움.
自轉車 _ 자전거 두 다리로 페달을 밟아 바퀴를 돌림으로써 움직이게 하는 탈것.

車 부수 11획, 총 18획

돈 전

금속으로 창이나 칼같이 깎아 만들었던 **'돈'**을 뜻합니다.

긴소리로 읽음.

金錢 _ 금전 화폐(상품 교환 가치의 척도가 되며 그것의 교환을 매개하는 일반화된
　　　　　수단). 금으로 만든 돈.
銅錢 _ 동전 구리나 은 또는 니켈 등의 금속을 섞어서 만든 동그랗게 생긴 돈을
　　　　　통틀어 이르는 말.

金 부수 8획, 총 16획

꺾을 절

손에 도끼를 들고 물건을 찍어 **'꺾는다'**는 뜻입니다.

▶ 哲(밝을 철).

折半 _ 절반 하나를 반으로 가름. 또는 그렇게 가른 반.

骨折 _ 골절 뼈가 부러짐.

百折不屈 _ 백절불굴 수없이 많이 꺾여도 굴하지 않고 이겨 나감.

扌 手 부수 4획, 총 7획

점령할 점 / 점칠 점

그렇게 되리라고 입으로 점을 치듯 땅을 차지하기위해 깃대를 꽂아 **'점령한다'**는 뜻입니다.

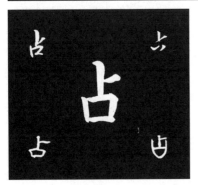

▶ 긴소리 또는 짧은 소리로도 읽음.

占:領 _ 점:령 어떤 장소를 차지하여 자리를 잡음.

獨占 _ 독점 개인이나 어떤 단체가 생산과 시장을 지배하여 이익을 독차지함. 또는 그런 경제 현상.

占:星術 _ 점:성술 별의 빛이나 위치, 운행을 보고 개인과 국가의 길흉을 점치는 점술

卜 부수 3획, 총 5획

점 점

먹물이 튀어 얼룩**'점'**이 생겼다는 뜻입니다.

▶ 부수는 黑(검을 흑)임.

點檢 _ 점검 낱낱이 검사함. 또는 그런 검사.

點線 _ 점선 점 또는 짧은 선 토막으로 이루어진 선.

觀點 _ 관점 사물이나 현상을 관찰할 때, 그 사람이 보고 생각하는 태도나 방향 또는 처지.

黑 부수 5획, 총 17획

고무래 정 / 장정 정

못의 확대된 모양이 **'고무래'** 같다는 뜻입니다.

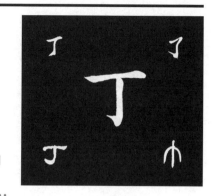

▶ 고무래 : 곡식을 그러모으고 펴거나, 밭의 흙을 고르거나 아궁이의 재를 긁어모으는 데에
　　　쓰는 'T' 자 모양의 기구.

白丁 _ **백정** 소나 돼지 등을 잡는 일을 업으로 삼는 사람.
兵丁 _ **병정** 병역에 복무하는 장정.
壯丁 _ **장:정** 나이가 젊고 기운이 좋은 남자.

一 부수 1획, 총 2획

가지런할 정

흐트러진 것을 다발로 묶고 위아래를 쳐서
'가지런히' 한다는 뜻입니다.

▶ 整 ≒ 齊(정제). ▶ 긴소리로 읽음. ▶ 부수는 攵(등글월문) = 攴(칠 복)임.

整理 _ **정:리** 흐트러지거나 혼란스러운 상태에 있는 것을 한데 모으거나 치워서 질서
　　　　있는 상태가 되게 함.
整備 _ **정:비** 흐트러진 체계를 정리하여 제대로 갖춤.
　　　　기계나 설비가 제대로 작동하도록 보살피고 손질함.

攵 攴 부수 12획, 총 16획

고요할 정

붉고 푸른색이 다투어 칠해진 단청의 빛깔이
'고요한' 분위기를 자아낸다는 뜻입니다.

靜肅 _ **정숙** 조용하고 엄숙함.
靜脈 _ **정맥** 정맥혈을 심장으로 보내는 순환 계통의 하나. 피의 역류를 막는 역할을 함.
動靜 _ **동:정** 일이나 현상이 벌어지고 있는 낌새.

靑 부수 8획, 총 16획

임금 제

덕과 위엄이 하늘과 합치되는 사람인 **'임금'**을
나타낸 것입니다.

帝

巾 부수 6획, 총 9획

▶ 帝 ≒ 王(제왕). ▶ 긴소리로 읽음.

帝王 _ **제:왕** 황제와 국왕을 아울러 이르는 말.
天帝 _ **천제** 우주를 창조하고 주재한다고 믿어지는 초자연적인 절대자.
帝國主義 _ **제:국주의** 군사적, 경제적으로 남의 나라 또는 후진 민족을 정복하여
　　　　　　　　　 큰 나라를 건설하려고 하는 침략주의적 경향.

짤 조

많은 실오리를 합치어 피륙을 **'짠다'**는 뜻입니다.

組

糸 부수 5획, 총 11획

▶ 祖(할아비 조), 組(짤 조).

組立 _ **조립** 여러 부품을 하나의 구조물로 짜 맞춤. 또는 그런 것.
組合 _ **조합** 여럿을 한데 모아 한 덩어리로 짬.
組織 _ **조직** 일정한 지위와 역할을 부여 받은 사람이나 집단이 특정한 목적을
　　　　　　 달성하기 위하여 질서 있는 하나의 집단을 이룸. 또는 그 집단.

가지 조

바람에 흔들거리는 나무의 곁**'가지'**를 뜻합니다.

條

木 부수 7획, 총 11획

▶ 부수는 木(나무 목)임.

條件 _ **조건** 어떤 일을 이루게 하거나 이루지 못하게 하기 위해 갖춰야 할 상태나 요소.
條目 _ **조목** 하나의 일을 구성하고 있는 낱낱의 부분이나 갈래.
條約 _ **조약** 국가 간의 권리와 의무를 국가 간의 합의에 따라 법적 구속을 받도록
　　　　　　 규정하는 행위. 또는 그런 조문.

조수 조

해와 달의 인력에 의하여 드나드는 바닷물을
'**조수**'라고 한다는 뜻입니다.

朝(아침 조).

潮水 _ 조수 달, 태양 따위의 인력에 의하여 주기적으로 높아졌다 낮아졌다 하는
　　　　　바닷물.
潮流 _ 조류 밀물과 썰물 때문에 일어나는 바닷물의 흐름. 시대 흐름의 경향이나 동향.
思潮 _ 사조 한 시대의 일반적인 사상의 흐름.

氵 水 부수 12획, 총 15획

있을 존

아이들은 재능의 싹이 '**있다**'는 뜻입니다.

存 ≒ 在(존재). ▶ 부수는 子(아들 자)임.

存在 _ 존재 현실에 실제로 있음. 또는 그런 대상.
存續 _ 존속 어떤 대상이 그대로 있거나 어떤 현상이 계속됨.
共存 _ 공:존 두 가지 이상의 사물이나 현상이 함께 존재함. 서로 도와서 함께 존재함.

子 부수 3획, 총 6획

좇을 종

한사람이 다른 사람의 뒤를 '**좇는다**'는 뜻입니다.

긴소리 또는 짧은 소리로도 읽음.

從來 _ 종래 일정한 시점을 기준으로 이전부터 지금까지에 이름. 또는 그런 동안.
主從 _ 주종 주된 것과 그에 딸린 것. 주인과 종을 아울러 이르는 말.
類類相從 _ 유:유상종 같은 무리끼리 서로 사귐.

彳 부수 8획, 총 11획

쇠북 종

쇠로 만들어서 무거운 술잔모양의 **'쇠북'**을
나타낸 것입니다.

金 부수 9획, 총 17획

▶ 重(무거울 중), 種(씨 종). ▶ 鏞(쇠북 용).

鍾愛 _ **종애** 따뜻한 사랑을 한데 모아 줌.
龍鍾 _ **용종** 용의 무늬를 새긴 종.
鍾乳石 _ **종유석** 종유굴의 천장에 고드름같이 달려 있는 석회석. 지하수에 녹아
　　　　　 있던 석회분이 수분의 증발과 함께 다시 결정으로 되면서 생김.

자리 좌

집안에서 몸을 붙이고 앉는 **'자리'**라는 뜻입니다.

广 부수 7획, 총 10획

▶ 긴소리로 읽음.

座席 _ **좌:석** 앉을 수 있게 마련된 자리.
座中 _ **좌:중** 여러 사람이 모인 자리. 또는 모여 앉은 여러 사람.
權座 _ **권좌** 권력, 특히 통치권을 가지고 있는 자리.

붉을 주

소나무의 고갱이나 관솔이 **'붉다'**는 뜻입니다.

木 부수 2획, 총 6획

▶ 부수는 木(나무 목)임.

朱脣白齒 _ **주순백치** 붉은 입술에 흰 이라는 뜻으로, 아름다운 여자(女子)를 이르는
朱黃 _ **주황** 빨강과 노랑의 중간색.
印朱 _ **인주** 도장을 찍는 데 쓰는 붉은빛의 재료. 솜 같은 물건에 아주까리기름과
　　　　 진사(辰砂)를 넣어 만듦.

두루 주 / 나라이름 주

입을 잘 써서 '**두루**' 할 말을 한다는 뜻입니다.

→ 부수는 口(입 구)임.

周易 _ **주역** 유교의 경전인 삼경(三經)의 하나. 천지만물이 끊임없이 변화하는
자연 현상의 원리를 설명하고 풀이한 것.

周邊 _ **주변** 어떤 대상의 둘레.

周知 _ **주지** 여러 사람이 두루 앎.

口 부수 5획, 총 8획

술 주

곡물로 만든 누룩에 물을 섞어서 빚어
항아리에 넣어둔 '**술**'을 나타낸 것입니다.

→ 부수는 酉(닭 유)임.

酒類 _ **주류** 술의 종류.

酒量 _ **주량** 마시고 견딜 정도의 술의 분량.

藥酒 _ **약주** 윗사람이 마시는 술을 점잖게 이르는 말. 약재를 넣어 빚은 술.

酉 부수 3획, 총 10획

증거 증

단 위에 올라 사실대로 말하여
'**증거**'를 댄다는 뜻입니다.

證據 _ **증거** 어떤 사실을 증명할 수 있는 근거.

考證 _ **고증** 예전에 있던 사물들의 시대, 가치, 내용 따위를 옛 문헌이나 물건에
기초하여 증거를 세워 이론적으로 밝힘.

證書 _ **증서** 권리나 의무, 사실 따위를 증명하는 문서.

言 부수 12획, 총 19획

기록할 지

말과 뜻을 실어 '**기록한다**'는 뜻입니다.

言 부수 7획, 총 14획

▶錄(기록할 록(녹)), 記(기록할 기).　▶志(뜻 지/기치 치).

誌面 _ 지면 잡지(雜誌)에서 글의 내용이 실리는 종이의 면.
本誌 _ 본지 잡지의 중심이 되는 부분을 별책, 부록 따위에 상대하여 이르는 말.
雜誌 _ 잡지 일정한 이름을 가지고 여러 가지 내용의 글을 모아 정기적으로 편집, 간행하는 정기 간행물. 발행 간격에 따라 주간지, 월간지 등으로 구분함.

지혜 지 / 슬기 지

사리를 밝게 아니 '**지혜**'롭다는 뜻입니다.

日 부수 8획, 총 12획

▶慧(슬기로울 혜).　▶愚(어리석을 우).　▶知(알 지).

智略 _ 지략 어떤 일이나 문제를 명철하게 포착하고 분석·평가하며 해결 대책을 세우는 뛰어난 슬기와 계략.
機智 _ 기지 경우에 따라 재치 있게 대응하는 지혜.
智德體 _ 지덕체 지육(智育), 덕육(德育), 체육(體育)을 아울러 이르는 말.

가질 지

관청에서 내린 공문서를 받아
잘 '**가지고**' 있다는 뜻입니다.

扌 手 부수 6획, 총 9획

▶寺(절 사), 時(때 시), 待(기다릴 대), 詩(시 시), 等(무리 등), 侍(모실 시).

持論 _ 지론 늘 가지고 있거나 전부터 주장하여 온 생각이나 이론.
持分 _ 지분 공유물이나 공유 재산 따위에서, 공유자 각자가 소유하는 몫. 또는 그런 비율.
所持 _ 소:지 가지고 있는 일. 또는 그런 물건.

찔 직

창날이 부딪치듯이 소리를 내면서
실로 베를 '**짠다**'는 뜻입니다.

糸 부수 12획, 총 18획

▶ 識(알 식), 職(직분 직). ▶ 紙(짤 지), 組(짤 조).

織物 _ **직물** 씨실과 날실을 직기에 걸어 짠 물건을 통틀어 이르는 말. 면직물, 모직물,
견직물 따위가 있음.

毛織 _ **모직** 털실로 짜서 만든 피륙.

組織的 _ **조직적** 일이나 행동 따위에 체계가 짜여 있는. 또는 그런 것.

보배 진

무늬가 머릿결같이 고운 진귀한 '**보배**'라는 뜻입니다.

王 玉 부수 0획, 총 7획

▶ 부수는 王(구슬옥변/임금 왕) = 玉(구슬 옥)임.

珍貴 _ **진귀** 보배롭고 보기 드물게 귀함.

珍島犬 _ **진도견** 진돗개. 몸은 누런 갈색 또는 흰색이며, 귀는 뾰족하게 서고 꼬리는
왼쪽으로 말림. 전남 진도에서 나는 우리나라 특산종.

山海珍味 _ **산해진미** 산과 바다에서 나는 온갖 진귀한 물건으로 차린, 맛이 좋은 음식.

진칠 진

언덕에 의지하여 전쟁에 쓰이는 수레들을 세워
'**진친다**'는 뜻입니다.

阝 阜 부수 7획, 총 10획

陳(베풀 진/묵을 진). ▶ 屯(진칠 둔).

陣營 _ **진영** 정치, 사회, 경제적으로 구분된 서로 대립되는 세력의 어느 한쪽.
군대가 진을 치고 주둔하고 있는 일정한 구역.

背水陣 _ **배:수진** 큰 물을 뒤에 두고 치는 진. 더이상 뒤로 물러설 수 없으므로
죽음을 각오하고 적과 싸우고자 하는 전술.

다할 진

화로의 깜부기불이 꺼지며
생명이 '**다했다**'는 뜻입니다.

▶ 부수는 皿(그릇 명)임.　▶ 긴소리로 읽음.

盡:心 _ **진:심** 마음을 다함.

消盡 _ **소진** 점점 줄어들어 다 없어짐. 또는 다 써서 없앰.

盡:人事待天命 _ **진:인사대천명** 사람이 할 수 있는 일을 다 하고서 하늘의 뜻을
기다림.

皿 부수 9획, 총 14획

다를 차 / 들쑥날쑥할 치

식물이 좌우로 늘어져 있으나
그 길이가 '**다르다**'는 뜻입니다.

▶ 부수는 工(장인 공)임.　▶ 일자다음자임. 차·치

差異 _ **차이** 서로 같지 아니하고 다름. 또는 그런 정도나 상태.

誤:差 _ **오:차** 실지로 셈하거나 측정한 값과 이론적으로 정확한 값과의 차이.

參差 _ **참치** 길고 짧고 들쭉날쭉하여 가지런하지 아니함.

工 부수 7획, 총 10획

기릴 찬

말로 잘 되도록 도우며 좋은 점을 '**기린다**'는 뜻입니다.

▶ 긴소리로 읽음.

讚:歌 _ **찬:가** 아름답게 여겨 칭송하는 뜻을 가진 노래.

讚:美 _ **찬:미** 아름답고 훌륭한 것이나 위대한 것 따위를 기리어 칭송함.

禮:讚 _ **예:찬** 훌륭한 것, 좋은 것, 아름다운 것을 존경하고 찬양함.

言 부수 19획, 총 26획

캘 채

손으로 나뭇잎이나 풀뿌리를
뜯거나 뽑거나 '캔다'는 뜻입니다.

긴소리로 읽음.

採鑛 _ 채:광 땅을 파고 광물을 캐냄.
採取 _ 채:취 풀이나 나무, 어패류, 광물질 따위를 캐거나 베거나 따거나 뜯거나 하여
　　　　 얻음. 연구나 조사에 필요한 것을 찾거나 받아서 얻음.
特採 _ 특채 특별히 채용함.

扌 手 부수 8획, 총 11획

책 책

대쪽에다 글을 써서
가죽끈으로 엮어 매었던 '책'의 모양을 본뜬 것입니다.

부수는 冂(멀경몸)임.

冊房 _ 책방 서점(책을 갖추어 놓고 팔거나 사는 가게).
冊床 _ 책상 앉아서 책을 읽거나 글을 쓰거나 사무를 보거나 할 때에 앞에 놓고 쓰는 상.
別冊 _ 별책 따로 엮어 만든 책.

冂 부수 3획, 총 5획

샘 천

땅 속 또는 바위 틈에서 물이 솟아나 내를 이루는
'샘'의 모습을 나타낸 것입니다.

溫泉 _ 온천 지열로 땅 속에서 물이 데워져서 땅위로 솟아오르는 샘.
　　　　 그 물은 여러 가지 광물질이 녹아 있어 의학적 효과가 많음.
黃泉 _ 황천 저승(사람이 죽은 뒤에 그 혼이 가서 산다고 하는 세상).
源泉 _ 원천 물이 흘러나오는 근원. 사물의 근원.

水 부수 5획, 총 9획

관청 청

백성들의 말을 듣고 일을 처리하는 집인
'관청'을 나타낸 것입니다.

▶ 聽(들을 청).

廳 广 부수 22획, 총 25획

廳舍 _ 청사 관청의 사무실로 쓰는 건물.
廳長 _ 청장 경찰청, 산림청 등과 같은 청(廳)의 으뜸 직위. 또는 그 직위에 있는 사람.
市:廳 _ 시:청 시의 행정 사무를 맡아보는 기관. 또는 그 청사(廳舍).

들을 청

마음에서 우러나오는 말을 얻어 **'듣는다'**는 뜻입니다.

▶ 부수는 耳(귀 이)임.

聽 耳 부수 16획, 총 22획

聽衆 _ 청중 강연이나 설교, 음악 따위를 듣기 위하여 모인 사람들.
難聽 _ 난청 방송 전파가 라디오 따위에 잘 잡히지 않아 잘 들을 수 없는 상태.
            청력이 저하 또는 손실된 상태. 청각 기관의 장애로 생긴다.
視:聽覺 _ 시:청각 눈으로 보는 감각과 귀로 듣는 감각을 아울러 이르는 말.

부를 초

부르는 행위를 손짓을 이용해서 **'부른다'**는 뜻입니다.

▶ 呼(부를 호), 吟(읊을 음), 召(부를 소).   ▶ 超(뛰어넘을 초), 昭(밝을 소), 照(비칠 조).

招 扌 手 부수 5획, 총 8획

招來 _ 초래 어떤 결과를 가져오게 함.
招待 _ 초대 어떤 모임에 참가해 줄 것을 청함.
自招 _ 자초 어떤 결과를 자기가 생기게 함. 또는 제 스스로 끌어들임.

밀(천거할) 추 / 옮길 추 / 밀 퇴

새가 앞으로 나아가듯이 손으로
힘껏 '**민다**'는 뜻입니다.

일자다음자임. 추·퇴

推敲 _ **퇴고** 완성된 글을 다시 읽어 가며 다듬어 고치는 일.

推理 _ **추리** 알고 있는 것을 바탕으로 알지 못하는 것을 미루어서 생각함.

類推 _ **유:추** 같은 종류의 것 또는 비슷한 것에 기초하여 다른 사물을 미루어
　　　　추측하는 일.

才 手 부수 8획, 총 11획

줄일 축

실이나 천을 물에 담궜다가 꺼내 말리면
'**줄어**'든다는 뜻입니다.

縮小 _ **축소** 모양이나 규모 따위를 줄여서 작게 함.

縮約 _ **축약** 줄여서 간략하게 함.

壓縮 _ **압축** 물질 따위에 압력을 가하여 그 부피를 줄임.

糸 부수 11획, 총 17획

뜻 취 / 취미 취

목적한 바를 취하러 달려나가려는 '**뜻**'을 나타낸 것입니다.

긴소리로 읽음.

趣味 _ **취:미** 전문적으로 하는 것이 아니라 즐기기 위하여 하는 일.

趣向 _ **취:향** 하고 싶은 마음이 생기는 방향. 또는 그런 경향.

情趣 _ **정취** 깊은 정서를 자아내는 흥취.

走 부수 8획, 총 15획

나아갈 취 / 이룰 취

궁성 터를 더욱 높게 쌓아 '**나아간다**'는 뜻입니다.

▶ 京(경)은 높은 언덕, 도읍을 뜻함.　▶ 긴소리로 읽음.
▶ 부수는 尤(더욱 우)임.　▶ 進(나아갈 진), 迪(나아갈 적), 晉(나아갈 진/진나라 진).

就職 _ **취:직** 일정한 직업을 잡아 직장에 나감.
成就 _ **성취** 목적한 바를 이룸.

就
尤 부수 9획, 총 12획

층 층

집 위에 집을 거듭지어 '**층**'을 이룬다는 뜻입니다.

▶ 贈(줄 증), 增(더할 증), 憎(미울 증), 僧(중 승).

層層侍下 _ **층층시하** 부모, 조부모 등의 어른들을 모시고 사는 처지.
層階 _ **층계** 걸어서 층 사이를 오르내릴 수 있도록 턱이 지게 만들어 놓은 설비.
高層 _ **고층** 여러 층으로 된 것의 높은 층. 건물의 층수가 많은 것

層
尸 부수 12획, 총 15획

잘 침

집에서 침대를 청소하고 누워 '**잔다**'는 뜻입니다.

▶ 起床(기상) ↔ 就寢(취침).　▶ 긴소리로 읽음.

寢具 _ **침:구** 잠을 자는 데 쓰는 이부자리, 베개 따위를 통틀어 이르는 말.
寢室 _ **침:실** 잠을 자는 방.
就寢 _ **취:침** 잠자리에 들어 잠을 잠.

寢
宀 부수 11획, 총 14획

바늘 침

귀에는 실을 꿰고 끝은 날카로운 쇠로 만든 **'바늘'**을 뜻합니다.

+(십)은 귀가 있는 바늘의 모양을 본뜬 것.

....

針術 _ **침술** 경혈(經穴)에 침을 찔러 통증이나 병을 고치는 동양 의학의 치료술.

檢針 _ **검:침** 전기, 수도, 가스 따위의 사용량을 알기 위하여 계량기의 숫자를 검사함.

時針 _ **시침** 시계에서, 시를 가리키는 짧은 바늘.

金 부수 2획, 총 10획

일컬을 칭

곡식을 들어올려 저울에 달 때마다 소리쳐 수량을 **'일컫는다'**는 뜻입니다.

....

稱讚 _ **칭찬** 좋은 점이나 착하고 훌륭한 일을 높이 평가함. 또는 그런 말.

尊稱 _ **존칭** 남을 공경하는 뜻으로 높여 부름. 또는 그 칭호.

稱號 _ **칭호** 어떠한 뜻으로 일컫는 이름.

禾 부수 9획, 총 14획

탄알 탄

화살이 활시위를 퉁기며 홀로 날아가듯 총구에서 떠난 **'탄알'**이라는 뜻입니다.

긴소리로 읽음.

....

彈壓 _ **탄:압** 권력이나 무력 따위로 억지로 눌러 꼼짝 못하게 함.

彈力 _ **탄:력** 용수철처럼 튀거나 팽팽하게 버티는 힘.
　　　　반응이 빠르고 힘이 넘치는 것을 비유적으로 이르는 말.

防彈 _ **방탄** 날아오는 탄알을 막음.

弓 부수 12획, 총 15획

탄식할 탄

어려움을 당하면 하품하듯 입을 크게 벌려
'탄식한다'는 뜻입니다.

欠 부수 11획, 총 15획

▶ 부수는 欠(하품 흠)임. ▶ 긴소리로 읽음.

歎:服 _ **탄:복** 매우 감탄하여 마음으로 따름.
歎:息 _ **탄:식** 한탄하여 한숨을 쉼. 또는 그 한숨.
感:歎 _ **감:탄** 마음속 깊이 느끼어 탄복함.

벗을 탈

몸의 꼴을 바꾸려고 껍질을 **'벗는다'**는 뜻입니다.

月 肉 부수 7획, 총 11획

▶ 육달월(月=肉 : 살, 몸)과 바꾼다는 뜻을 나타내는 태(兌)로 이루어짐.

脫穀 _ **탈곡** 벼, 보리 따위의 이삭에서 낟알을 떨어내는 일.
脫落 _ **탈락** 범위에 들지 못하고 떨어지거나 빠짐.
解:脫 _ **해:탈** 속세의 속박이나 번뇌 등에서 벗어나 근심이 없는 편안한 경지에 도달함

찾을 탐

손을 깊은 곳에 넣어 더듬어 **'찾는다'**는 뜻입니다.

扌 手 부수 8획, 총 11획

▶ 訪(찾을 방), 索(찾을 색). ▶ 深(깊을 심).

探究 _ **탐구** 진리, 학문 따위를 파고들어 깊이 연구함.
探査 _ **탐사** 알려지지 않은 사물이나 사실 따위를 샅샅이 더듬어 조사함.
探險 _ **탐험** 위험을 무릅쓰고 어떤 곳을 찾아가서 살펴보고 조사함.

가릴 택

좋은 물건을 보고 손으로 '**가린다**'는 뜻입니다.

➡ 選(가릴 선). ▶ 譯(번역할 역), 澤(못 택/별 이름 탁), 驛(역 역).

擇日 _ **택일** 어떤 일을 치르거나 길을 떠나거나 할 때 운수가 좋은 날을 가려서 고름.
또는 그날.

選擇 _ **선:택** 여럿 가운데서 필요한 것을 골라 뽑음.

採擇 _ **채:택** 작품, 의견, 제도 따위를 골라서 다루거나 뽑아 씀.

才 手 부수 13획, 총 16획

칠 토 / 찾을 토

법에 따라 죄값를 논하고 나아가 '**친다**'는 뜻입니다.

긴소리 또는 짧은 소리로도 읽음.

討論 _ **토:론** 어떤 문제에 대하여 여러 사람이 각각 의견을 말하며 논의함.

討伐 _ **토벌** 무력으로 쳐 없앰.

聲討 _ **성:토** 여러 사람이 모여 국가나 사회에 끼친 잘못을 소리 높여 규탄함.

言 부수 3획, 총 10획

아플 통

부풀어 오른 상처가 매우 '**아프다**'는 뜻입니다.

긴소리로 읽음.

痛憤 _ **통:분** 원통하고 분함.

痛快 _ **통:쾌** 아주 즐겁고 시원하여 유쾌함.

苦痛 _ **고통** 몸이나 마음의 괴로움과 아픔.

疒 부수 7획, 총 12획

던질 투

손으로 창을 '**던진다**'는 뜻입니다.

才 手 부수 4획, 총 7획

▶ 打(칠 타). ▶ 股(넓적다리 고), 疫(전염병 역), 役(부릴 역).

投書 _ **투서** 드러나지 않은 사실의 속 내용이나 남의 잘못을 글로 적어 상부 기관에
　　　　몰래 보냄. 또는 그 글.

投手 _ **투수** 야구에서, 내야의 중앙에 위치한 마운드에서 상대편의 타자가 칠 공을
　　　　포수를 향하여 던지는 선수.

싸움 투

무기를 들고 마주서서 베거나 쪼개며
'**싸움**'을 한다는 뜻입니다.

鬥 부수 10획, 총 20획

鬪技 _ **투기** 특별한 운동 기구를 사용하지 않고 기술을 겨루어 맞붙어 싸우는
　　　　경기를 말한다. 권투, 레슬링, 유도 따위가 있음.

鬪爭 _ **투쟁** 어떤 대상을 이기거나 극복하기 위한 싸움.

死:鬪 _ **사:투** 죽기를 각오하고 싸우거나 죽을 힘을 다하여 싸움. 또는 그런 싸움.

갈래 파

물이 흐르며 '**갈래**'진다는 뜻입니다.

氵 水 부수 6획, 총 9획

▶ 波(물결 파), 派(갈래 파).

派生 _ **파생** 사물이 어떤 근원으로부터 갈려 나와 생김.

學派 _ **학파** 학문에서의 주장을 달리하는 갈래.

派出所 _ **파출소** 어떤 기관에서 직원을 파견하여 사무를 보게 하는 곳.

판단할 판

물건을 정확히 절반으로 쪼개듯이 일이나 시비를
분명히하여 **'판단한다'**는 뜻입니다.

ㅣ 刀 부수 5획, 총 7획

▶ 부수는 ㅣ(칼도방) = 刀(칼 도)임.

判斷 _ **판단** 사물을 인식하여 논리나 기준 등에 따라 판정을 내림.

判決 _ **판결** 시비나 선악을 판단하여 결정함.

判定 _ **판정** 판별하여 결정함.

책 편

글을 쓴 대쪽을·엮은 **'책'**을 나타낸 것입니다.

부수는 竹(대 죽)임.

玉篇 _ **옥편** 한자를 모아서 부수와 획수에 따라 배열하고 글자 하나하나의 뜻과
　　　음을 풀이한 책.

千篇一律 _ **천편일률** 여럿이 개별적 특성이 없이 모두 엇비슷한 현상을 비유적으로
　　　이르는 말.

竹 부수 9획, 총 15획

평할 평

치우치지 않는 공평한 말로 **'평한다'**는 뜻입니다.

긴소리로 읽음.

評論 _ **평:론** 사물의 가치, 우열, 선악 따위를 평가하여 논함. 또는 그런 글.

評價 _ **평:가** 사물의 가치나 수준 따위를 평함. 또는 그 가치나 수준.

好評 _ **호:평** 좋게 평함. 또는 그런 평판이나 평가.

言 부수 5획, 총 12획

닫을 폐

문에 빗장을 걸 수 있도록 **'닫는다'**는 뜻입니다.

▶ 開 ↔ 閉(개폐). ▶ 긴소리로 읽음.

閉:會 _ **폐:회** 집회나 회의가 끝남. 또는 의회, 전람회, 박람회 따위를 마침.
閉:業 _ **폐:업** 영업을 하지 않음. 그날의 영업을 끝냄.
開閉 _ **개폐** 열고 닫음.

門 부수 3획, 총 11획

세포 포 / 태 포

태아를 감싸고 있는 태의 **'세포'**라는 뜻입니다.

▶ 긴소리 또는 짧은 소리로도 읽음.

胞子 _ **포자** 홀씨(식물이 무성 생식을 하기 위하여 형성하는 생식 세포).
同胞 _ **동포** 같은 나라 또는 같은 민족의 사람을 다정하게 이르는 말.
細:胞 _ **세:포** 생물체를 이루는 기본 단위. 핵막의 유무에 따라 진핵 세포와
　　　　　 원핵 세포로 나뉨.

月 肉 부수 5획, 총 9획

불터질 폭

사나운 불길에 물체가 타서 **'불터진다'**는 뜻입니다.

▶ 暴(사나울 포/사나울 폭).

爆發 _ **폭발** 불이 일어나며 갑작스럽게 터짐. 속에 쌓여 있던 감정 따위가 일시에
　　　　 세찬 기세로 나옴.
爆竹 _ **폭죽** 가는 대통이나 종이로 만든 통에 불을 지르거나 화약을 재어 터뜨려서
　　　　 소리가 나게 하는 물건.

火 부수 15획, 총 19획

표할 표

잘 볼 수 있도록 나무에 표시를 '**표한다**'는 뜻입니다.

▶ 票(표 표), 漂(떠다닐 표).

標語 _ **표어** 주의, 주장, 강령 따위를 간결하게 나타낸 짧은 어구.
標本 _ **표본** 본보기나 기준이 될 만한 것. 생물의 몸 전체나 그 일부에 적당한 처리를
　　　　 가하여 보존할 수 있게 한 것.
標準 _ **표준** 일반적인 것. 또는 평균적인 것.

木 부수 11획, 총 15획

피곤할 피

병으로 가죽만 남을 정도로 '**피곤하다**'는 뜻입니다.

▶ 彼(저 피), 被(입을 피), 破(깨뜨릴 파), 皮(가죽 피), 波(물결 파).

疲困 _ **피곤** 몸이나 마음이 지치어 고달픔.
疲勞 _ **피로** 과로로 정신이나 몸이 지쳐 힘듦. 또는 그런 상태.
疲弊 _ **피폐** 생활이나 경제력 등이 어려워지거나 쇠약해져 궁하게 된 상태.

疒 부수 5획, 총 10획

피할 피

몸을 벽에 부딪치지 않게 '**피한다**'는 뜻입니다.

逃 ≒ 避(도피).　▶ 긴소리로 읽음.

避身 _ **피:신** 위험을 피하여 몸을 숨김.
避難 _ **피:난** 재난을 피하여 멀리 옮겨 감.
回避 _ **회피** 몸을 숨기고 만나지 아니함.
　　　　 꾀를 부려 마땅히 져야 할 책임을 지지 아니함.

辶 辵 부수 13획, 총 17획

한 한

심장이 멈출 만큼 응어리진 '**한**'이라는 뜻입니다.

忄 心 부수 6획, 총 9획

▶ 긴소리로 읽음.

恨歎 _ 한:탄 원통하거나 뉘우치는 일이 있을 때 한숨을 쉬며 탄식함. 또는 그 한숨.
餘恨 _ 여한 풀지 못하고 남은 원한.
痛恨 _ 통:한 몹시 분하거나 억울하여 한스럽게 여김.

한가할 한

문을 열고 뜰에 심어놓은 나무를 보니
마음이 '**한가하다**'는 뜻입니다.

門 부수 4획, 총 12획

閑暇 _ 한가 겨를이 생겨 여유가 있음.
閑散 _ 한산 사람이 적어 한가하고 조용함. 바쁘지 않아 한가함.
等閑 _ 등:한 무엇에 관심이 없거나 소홀함.

겨룰 항 / 항거할 항

서로 손을 높이 들어 견제하며 '**겨룬다**'는 뜻입니다.

扌 手 부수 4획, 총 7획

▶ 긴소리로 읽음.

抗拒 _ 항:거 순종하지 아니하고 맞서서 반항함.
抗命 _ 항:명 명령이나 제지에 따르지 아니하고 반항함. 또는 그런 태도.
對抗 _ 대:항 굽히거나 지지 않으려고 맞서서 버티거나 항거함.

씨 핵

돼지의 살 속 뼈대처럼 나무의 단단한 '**씨**'라는 뜻입니다.

種(씨 종).

核心 _ **핵심** 사물의 가장 중심이 되는 부분.

核武器 _ **핵무기** 원자 폭탄·수소 폭탄 따위의 핵반응으로 생기는 힘을 이용한 무기.

核實驗 _ **핵실험** 핵무기의 성능, 파괴력 따위를 알아보기 위하여 핵폭발 장치를
실제로 폭파시켜 보는 실험.

木 부수 6획, 총 10획

법 헌

해침당하지 않도록 눈과 마음을 밝혀
정해놓은 '**법**'이라는 뜻입니다.

긴소리로 읽음.

憲法 _ **헌:법** 한 나라 최고의 상위법. 국가의 통치 체제에 관련된 기본적 원칙과
국민의 기본적 권리, 의무 따위를 규정한 것.

憲章 _ **헌:장** 어떠한 사실에 대하여 약속을 이행하기 위하여 정한 규범.

立憲 _ **입헌** 헌법을 제정함.

心 부수 12획, 총 16획

험할 험

여러 산과 언덕이 첩첩으로 모여있어 '**험하다**'는 뜻입니다.

긴소리로 읽음. ▶ 儉(검소할 검), 檢(검사할 검), 驗(시험할 험), 險(험할 험).

險難 _ **험:난** 지세가 다니기에 위험하고 어려움. 험하여 고생스러움.

險談 _ **험:담** 남의 흠을 들추어 헐뜯음. 또는 그런 말.

保險 _ **보:험** 재해나 각종 사고가 일어날 경우의 손해에 대비하여, 미리 일정한 돈을
함께 적립해 두었다가 사고를 당한 사람에게 손해를 보상하는 제도.

阝 부수 13획, 총 16획

가죽 혁 / 고칠 혁

짐승을 잡아 그 몸을 편편히 펴고 털을 매만져 없앤
날 **'가죽'**의 모양을 본뜬 것입니다.

▶ 皮 ≒ 革(피혁).　▶ 草(풀 초), 革(가죽 혁).

革帶 _ **혁대** 가죽으로 만든 띠.
革命 _ **혁명** 이전의 왕통을 뒤집고 다른 왕통이 대신하여 통치하는 일.
　　　　　　　 종래의 관습, 제도 등을 단번에 깨뜨리고 새로운 것을 세움.
改:革 _ **개:혁** 제도나 기구 따위를 새롭게 뜯어고침.

革 부수 0획, 총 9획

나타날 현

머리에 장식으로 꾸민 명주실에 밝은 빛이
'나타난다'는 뜻입니다.

▶ 긴소리로 읽음.

顯達 _ **현:달** 벼슬, 명성, 덕망이 높아서 이름이 세상에 드러남.
顯:忠日 _ **현:충일** 나라를 위하여 싸우다 숨진 장병과 순국선열들의 충성을 기리기
　　　　　　　 위하여 정한 날. 6월 6일.
顯:者 _ **현:자** 세상에 이름이 드러난 사람.

頁 부수 14획, 총 23획

형벌 형

죄인을 우물틀 같은 형틀에 매고 칼로 위엄을 보여
'형벌'을 가한다는 뜻입니다.

▶ 形(모양 형), 刑(형벌 형).

刑事 _ **형사** 범죄의 수사 및 범인의 체포를 직무로 하는 사복(私服) 경찰관을 통틀어
　　　　　　　 이르는 말. 형법의 적용을 받는 사건.
減:刑 _ **감형** 형의 선고를 받은 사람의 형벌을 줄여 주는 일. 대통령이 행하는데,
　　　　　　　 일반 감형과 특별 감형이 있음.

刂 刀 부수 4획, 총 6획

혹(혹시) 혹

국민들이 창을 들고 땅을 지키는 것은
적이 침입하지 않을까 **'혹'** 의심되어서라는 뜻입니다.

惑(미혹할 혹), 域(지경 역), 國(나라 국).

- 或是 _ **혹시** 그러할 리는 없지만 만일에. 어쩌다가 우연히.
- 或者 _ **혹자** 어떤 사람.
- 間或 _ **간:혹** 어쩌다가 한 번씩.

戈 부수 4획, 총 8획

혼인할 혼

멀리서 오는 신부가 저물녘에 신랑집에 도착하여
'혼인한다'는 뜻입니다.

昏(어두울 혼).

- 婚期 _ **혼기** 혼인하기에 알맞은 나이.
- 婚禮 _ **혼례** 결혼식(부부 관계를 맺는 서약을 하는 의식).
- 結婚 _ **결혼** 남녀가 정식으로 부부 관계를 맺음.

女 부수 8획, 총 11획

섞을 혼

맑거나 흐린 물이 같은 곳으로 흘러들어
'섞인다'는 뜻입니다.

긴소리로 읽음.

- 混合 _ **혼:합** 뒤섞어서 한데 합함.
- 混亂 _ **혼:란** 뒤죽박죽이 되어 어지럽고 질서가 없음.
- 混雜 _ **혼:잡** 여럿이 한데 뒤섞이어 어수선함.

氵水 부수 8획, 총 11획

붉을 홍

실에 분홍 물감을 가공하여 들이니 빛깔이
'붉다'라는 뜻입니다.

▶ 朱 ≒ 紅(주홍).

紅白 _ 홍백 홍백색(붉은색과 흰색을 아울러 이르는 말).
朱紅 _ 주홍 주홍색(붉은빛을 띤 주황색).
紅一點 _ 홍일점 많은 남자 사이에 끼어 있는 한 사람의 여자를 비유적으로 이르는 말

糸 부수 3획, 총 9획

빛날 화

풀꽃들이 많이 피어 드리워진 모습이
'빛난다'는 뜻입니다.

▶ 輝(빛날 휘), 赫(빛날 혁), 熙(빛날 희), 彬(빛날 빈).

華婚 _ 화혼 남의 결혼을 아름답게 이르는 말.
榮華 _ 영화 몸이 귀하게 되어 이름이 세상에 빛남.
華麗江山 _ 화려강산 경치가 아름답고 수려해서 보기에 화려한 강과 산.

++ 艸 부수 8획, 총 12획

고리 환

눈망울과 눈동자 같이
외곽과 안이 둥근 옥**'고리'**라는 뜻입니다.

▶ 還(돌아올 환/돌 선).

環境 _ 환경 생물에게 직접·간접으로 영향을 주는 자연적 조건이나 사회적 상황.
花環 _ 화환 생화나 조화를 모아 고리같이 둥글게 만든 물건.
　　　　　　축하나 애도 따위를 표하는 데에 씀.
循環 _ 순환 주기적으로 자꾸 되풀이하여 돎.

王 玉 부수 13획, 총 17획

기쁠 환

어미 황새가 먹이를 물어오면
새끼들이 입을 벌려 **'기뻐한다'**는 뜻입니다.

歎(탄식할 탄), 歡(기쁠 환).　▶ 부수는 欠(하품 흠)임.

歡迎 _ **환영** 오는 사람을 기쁜 마음으로 반갑게 맞음.
歡待 _ **환대** 반갑게 맞아 정성껏 후하게 대접함.
歡聲 _ **환성** 기쁘고 반가워서 지르는 소리.

欠 부수 18획, 총 22획

상황 황 / 하물며 황

물이 크게 불어났는데 하물며 더 큰 물이 되는
'상황'이라는 뜻입니다.

긴소리로 읽음.

況 _ **상황** 일이 되어 가는 과정이나 형편.
近況 _ **근:황** 요즈음의 상황.
不況 _ **불황** 불경기(경제 활동이 일반적으로 침체되는 상태).

氵水 부수 5획, 총 8획

재 회

불타고 나면 손에 쥘 수 있는 것은
'재'라는 뜻입니다.

仄(기울 측).

灰色 _ **회색** 재의 빛깔과 같이 흰빛을 띤 검정.
灰 _ **백회** 석회(석회석을 태워 이산화탄소를 제거하여 얻는 산화칼슘과 산화칼슘에
　　　물을 부어 얻는 수산화칼슘을 통틀어 이르는 말).
灰心 _ **회심** 모든 욕망, 정열, 의기 따위가 일지 않는 재처럼 사그라진 싸늘한 마음.

火 부수 2획, 총 6획

두터울 후

바위가 겹쳐있어 **'두텁다'**는 뜻입니다.

▶ 민엄호(厂)는 굴바위, 언덕을 나타내는 글자.
▶ 긴소리로 읽음.

厚:德 _ **후:덕** 어질고 덕이 많음. 또는 그런 덕.
厚:謝 _ **후:사** 후하게 사례함. 또는 그 사례.
厚:生 _ **후:생** 사람들의 생활을 넉넉하고 윤택하게 하는 일.
　　　　　　　건강을 유지하거나 좋게 하는 일.

厂 부수 7획, 총 9획

기후 후 / 기다릴 후

사람이 활을 쏠 때 과녁을 살피듯
그렇게 **'기후'**도 살핀다는 뜻입니다.

▶ 긴소리로 읽음.

全天候 _ **전천후** 어떠한 상황이나 기상 조건에도 제 기능을 다할 수 있음.
氣:候 _ **기:후** 기온, 비, 눈, 바람 따위의 대기(大氣) 상태.
惡天候 _ **악천후** 몹시 나쁜 날씨.

亻 人 부수 8획, 총 10획

휘두를 휘

군대의 지휘를 손으로 **'휘두르며'** 한다는 뜻입니다.

▶ 輝(빛날 휘).

發揮 _ **발휘** 재능, 능력 따위를 떨치어 나타냄.
揮發油 _ **휘발유** 석유에서 추출한, 휘발성과 가연성이 있는 액체 탄화수소. 자동차·
　　　　　　　항공기 등의 연료, 기름이나 지방을 녹이는 용매 등으로 쓰임.
指揮者 _ **지휘자** 합창·합주 따위에서, 노래나 연주를 앞에서 조화롭게 이끄는 사람

扌 手 부수 9획, 총 12획

기쁠 희

북치고 노래하니 즐겁고 **'기쁘다'**는 뜻입니다.

喜 ↔ 悲(희비).　▶ 悲(슬플 비), 悼(슬퍼할 도), 哀(슬플 애).

喜悲 _ **희비** 기쁨과 슬픔을 아울러 이르는 말.

喜劇 _ **희극** 인간 생활의 모순이나 사회의 불합리성 등을 웃음거리를 섞어서
풍자적으로 다룬 극 형식.

喜消息 _ **희소식** 기쁜 소식.

口 부수 9획, 총 12획

한자시험

기출문제

(사)한국어문회 전국한자능력검정시험 대비 기본 지침 자료

응시자격 : 모든 급수에 누구나 응시가능.

시험일정 : 1년에 4회 실시(인터넷 www.hangum.re.kr 및 주요 일간지 광고면 참조).

원서접수 : 1. 방문접수 : 각 고사장 접수처.   2. 인터넷접수 : www.hangum.re.kr 이용.

합격자 발표 : 시험일 한 달 뒤, 인터넷(www.hangum.re.kr)과 ARS(060-800-1100)로 발표함.

공인급수 : 1급·2급·3급·3급 II   **교육급수** : 4급·4급 II·5급·5급 II·6급·6급 II·7급·7급 II·8급

(사)한국어문회 전국한자능력검정시험 급수구분 및 문제유형에 따른 급수별 출제기준

	8급	7급 II	7급	6급 II	6급	5급 II	5급	4급 II	4급	3급 II	3급	2급	1급
독음(讀音)	24	22	32	32	33	35	35	35	32	45	45	45	50
한자(漢字) 쓰기	0	0	0	10	20	20	20	20	20	30	30	30	40
훈음(訓音)	24	30	30	29	22	23	23	22	22	27	27	27	32
완성형(完成型)	0	2	2	2	3	4	4	5	5	10	10	10	15
반의어(反義語)	0	2	2	2	3	3	3	3	3	10	10	10	10
뜻풀이	0	2	2	2	2	3	3	3	3	5	5	5	10
동음이의어(同音異義語)	0	0	0	0	2	3	3	3	3	5	5	5	10
부수(部首)	0	0	0	0	0	0	0	0	3	5	5	5	10
동의어(同義語)	0	0	0	0	2	3	3	3	3	5	5	5	10
장단음(長短音)	0	0	0	0	0	0	0	0	3	5	5	5	10
약자(略字)·속자(俗字)	0	0	0	0	0	3	3	3	3	3	3	3	3
필순(筆順)	2	2	2	3	3	3	3	0	0	0	0	0	0
읽기 배정한자	50	100	150	225	300	400	500	750	1,000	1,500	1,817	2,355	3,50
쓰기 배정한자	-	-	-	50	150	225	300	400	500	750	1,000	1,817	2,00
출제문항(개)	50	60	70	80	90	100	100	100	100	150	150	150	200
합격문항(개)	35	42	49	56	63	70	70	70	70	105	105	105	160
시험시간(분)	50	50	50	50	50	50	50	50	50	60	60	60	90

▶ 위 출제기준표는 기본지침자료이며, 출제자의 의도에 따라 차이가 있을 수 있습니다.

▶상위급수 한자는 모두 하위급수 한자를 포함하며 쓰기 배정한자는, 바로 아래 급수의 읽기 배정한자이거나 그 범위 내에 있습니다.

※ 본 책은 (사)한국어문회의 급수구분을 기준 했으나 기출문제는 (사)한자교육진흥회 기출문제도 수록 하였으니 참고 하시기 마랍니다.

(社)韓國語文會 주관 · 韓國漢字能力檢定會 시행 第62回 全國漢字能力檢定試驗 **4級** 問題紙

*** 4級과 4級Ⅱ는 상이한 급수이므로 반드시 지원 급수를 **재확인**하시오. ***
100 문항 / 50분 시험 / 시험일자 : 2013. 08. 24.
* 성명과 수험번호를 쓰고 문제지와 답안지는 함께 제출하시오.
성명(   ), 수험번호 □□□-□□-□□□□

[問 1-32] 다음 밑줄 친 漢字語의 讀
音을 쓰시오.

㉮ [1]痛恨의 [2]一擊을 당하다.
　　통한　　일격
㉯ [3]野球에서는 [4]堅固한
　　야구　　　　견고
　　[5]守備가 [6]勝利의 [7]原動力이
　　수비　　승리　　　원동력
　　된다.
㉰ 그 집 [8]姉妹 사이의 따뜻한
　　　　　자매
　　[9]友愛가 온 집안을
　　우애
　　[10]感激시켰다.
　　　감격
㉱ 온 국민의 [11]熱烈한 [12]應援에
　　　　　　열렬　　　응원
　　힘입어 한국 축구가 세계
　　4強에까지 오르는 [13]快擧를
　　　　　　　　　쾌거
　　이루었다.
㉲ [14]政治人에게 있어 [15]達辯은
　　정치인　　　　　　달변
　　매우 큰 [16]武器이지만 그것으로
　　　　　　무기
　　[17]有權者의 믿음을 얻을 수 있는
　　유권자
　　것은 아니다.
㉳ [18]戰亂이 [19]連續되던 중국의
　　전란　　연속
　　수·당(隋·唐) 시대에 [20]高句麗
　　　　　　　　　　　　　고구려
　　[21]百濟 [22]新羅 등 三國도 그
　　백제　　신라
　　영향을 받을 수밖에 없었다.
㉴ 방이 좁고 [23]座席도 모자라서
　　　　　　　좌석

[24]招請 받은 손님도 다
　　초청
[25]受容할 수 없는 형편이었다.
　　수용
㉵ [26]貧富의 격차에서 생긴
　　빈부
[27]不滿을 [28]財物의
　　불만　　재물
[29]投與로만 [30]解消할 수는
　　투여　　　해소
없다. 또한 [31]憤怒에 차 있는
　　　　　　분노
[32]大衆을 법으로만 다스리기도
　　대중
어렵다.

[問 33-35] 위 문제에 나온 다음 漢
字語 중 첫 音節이 길게 발음되는 單
語 3개를 골라 그 번호를 쓰시오.

① 痛恨　② 一擊　③ 野球

④ 堅固　⑤ 守備　⑥ 勝利

⑦ 原動力　⑧ 姉妹　⑨ 友愛

[33] (①)

[34] (③)

[35] (⑨)

[問 36-54] 다음 漢字의 訓과 音을 쓰시오.

[36] 壓 누를 **압**

[37] 障 막을 **장**

[38] 泉 샘 **천**

[39] 鬪 싸움 **투**

[40] 篇 책 **편**

[41] 抗 겨룰 **항**

[42] 鮮 고울 **선**

[43] 伏 엎드릴 **복**

[44] 舞 춤출 **무**

[45] 卵 알 **란**

[46] 端 끝 **단**

[47] 暖 따뜻할 **난**

[48] 構 얽을 **구**

[49] 散 흩을 **산**

[50] 邊 가 **변**

[51] 緣 인연 **연**

[52] 宣 베풀 **선**

[53] 壯 장할 **장**

[54] 派 갈래 **파**

[問 55-74] 다음 밑줄 친 單語를 漢字로 고쳐 쓰시오.

㉮ 온갖 [55]종류의 [56]상업
　　　種類　　　商業
[57]광고가 소비자의 판단을
　廣告
어지럽힌다.

㉯ 한라산의 [58]설경이 긴
　　　　　雪景
[59]여행의 피로를 씻어 주었다.
　旅行

㉰ 우리가 사는 우주 [60]자연 속에도
　　　　　　　　　自然
[61]신체에 이로운 [62]약재가
　身體　　　　　藥材
많이 자라고 있다.

㉱ [63]행복은 주거하는 [64]가옥의
　幸福　　　　　　　家屋
크기나 가진 재물에 [65]비례하는
　　　　　　　　　比例
것이 아니다.

㉲ 한때 [66]해양 強國을 꿈꾸기도
　　　海洋
하던 우리가 현대에 와서는
韓[67]반도조차 제대로 지키지
　　半島
못하는 형편이 되었다.

㉳ 자서전을 쓴 사람은 많으나 국가적
사업으로 [68]전기를 기록해 남긴
　　　　傳記
[69]영웅은 흔하지 않다.
　英雄

㉴ 관동별곡 사미인곡 등에 비해
[70]시조는 짧은 형식이라 하여
　時調
[71]단가라고도 부른다.
　短歌

㉵ 삶의 질을 높이는 데는
[72]경쟁보다 [73]단합이 훨씬 더
　競爭　　　團合
[74]효과적이다. 效果的

[問 75-77] 다음 漢字를 널리 쓰이는 略字로 고쳐 쓰시오.

[75] 關   関

[76] 讀   読

[77] 質   貭

[問 78-80] 다음 漢字語의 뜻을 간단히 쓰시오.

[78] 方正 ;   **언행이 바르고 점잖음**

[79] 省察 ;   **반성하여 살핌**

[80] 速報 ;   **빨리 알림**

[問 81-83] 다음 각 글자와 뜻이 같거나 비슷한 漢字를 ( ) 속에 적어 單語를 完成하시오.

[81] 알맞은 용어의 (選)擇

[82] 세종대왕 동상의 建(立)

[83] 분열로 (敗)亡한 나라

[問 84-86] 다음 각 글자와 뜻이 반대 또는 대립되는 漢字를 ( ) 속에 적어 實用性 있는 單語를 만드시오.

[84] 사업의 得(失)을 따짐

[85] 백성들의 (順)逆은 지도자 하기 나름.

[86] 好(惡)가 분명한 성격

[問 87-89] 다음 漢字의 部首를 쓰시오.

[87] 孝   子

[88] 貨   貝

[89] 船   舟

[問 90-94] 다음 (   ) 안의 글자를 漢字로 고쳐 四字成語를 完成하시오.

[90] (풍전)燈火 ; 바람 앞의 등불.
風前

[91] 進退(무로) ; 나아가기에도
無路
물러서기에도 길이 없음.

[92] (만고)絶色 ; 만고에 유가 없을
萬古
뛰어난 미색.

[93] (구우)一毛 ; 많은 가운데서
九牛
가장 적은 것의 비유.

[94] (우)往(좌)往 ; 이랬다저랬다
右　左
갈팡거림.

[問 95-97] 다음 單語의 同音異義語를 漢字로 쓰되, 미리 제시된 뜻에 맞추시오.

[95] (私庫) ; 생각하고 궁리함.
思考

[96] (領主) ; 한 곳에 오래 삶.
永住

[97] (羊肉) ; 아이를 보살펴서
養育
자라게 함.

[問 98-100] 다음 문장의 (   ) 속에 들어갈 알맞은 말을 쓰시오.

‘畫’는(은) [98]‘(　그림　) 화’와 [99]‘(　그을　) 획’으로 읽히는 一字多音字이며, ‘洞’은 ‘골　동’과 [100]‘(　밝을　) 통’의 두 가지 訓音으로 읽히는 글자이다.

　　　　<끝>. – 수고하셨습니다. –

E66—130824A

제 66 회

한자자격시험

(문제지)

※ 정답은 별도 배부한 OCR답안지에 작성함

급 수	4 급		
문 항 수	100	객관식	30
		주관식	70
시험시간	60분		

성 명	
수 험 번 호	– – –

수험생 유의사항

1. 수험표에 표기된 응시급수와 문제지의 급수가 같은지 확인하시오.
2. 답안지에 성명, 수험번호, 주민등록번호를 정확하게 표기하시오.
3. 답안지의 주·객관식 답안란에는 검정색펜을 사용하시오.
4. 답안지의 객관식 답안의 수정은 수정테이프 만을 사용하시오.
5. 답안지의 주관식 답안의 수정은 두 줄로 긋고 다시 작성하시오.
6. 수험생의 잘못으로 인해 답안지에 이물질이 묻거나, 객관식 답안에 복수로 표기할 경우 오답으로 처리되니 주의하시오.
7. 감독관의 지시가 있을 때까지 문제를 풀지 마시오.
8. 시험 종료 후에는 필기도구를 내려놓고 감독관의 지시를 따르시오.

■ 이 문제지는 응시자가 가지고 가도록 허용되었습니다.

국가공인 자격관리·운영기관

社團法人 漢字敎育振興會
韓國漢字實力評價院

제66회 한자자격시험 〔 4급 〕 문제지

※ 다음 〔 〕안의 한자와 음(소리)이 같은 한자는?

1. 〔 遺 〕 ① 由 ② 以 ③ 造 ④ 算
2. 〔 持 〕 ① 是 ② 知 ③ 仙 ④ 寺
3. 〔 忘 〕 ① 察 ② 衆 ③ 吉 ④ 望
4. 〔 俗 〕 ① 佛 ② 材 ③ 續 ④ 依
5. 〔 停 〕 ① 井 ② 待 ③ 敵 ④ 進

※ 다음 〔 〕안의 한자와 뜻이 상대(반대)되는 한자는?

6. 〔 加 〕 ① 減 ② 伐 ③ 假 ④ 氏
7. 〔 京 〕 ① 街 ② 鄕 ③ 變 ④ 景

※ 다음 〔 〕안의 한자와 뜻이 비슷한 한자는?

8. 〔 競 〕 ① 鮮 ② 爭 ③ 冊 ④ 經
9. 〔 技 〕 ① 藝 ② 拾 ③ 其 ④ 婦
10. 〔 恩 〕 ① 烈 ② 達 ③ 惠 ④ 念

※ 다음 〈보기〉의 단어들과 관련이 깊은 한자는?

11. 〈보기〉 생일　합격　결혼
　① 他　② 良　③ 慶　④ 陸

12. 〈보기〉 이순신　전쟁　용맹
　① 取　② 將　③ 移　④ 次

13. 〈보기〉 갈비　관절　해골
　① 丹　② 眼　③ 德　④ 骨

※ 다음 설명이 뜻하는 한자어는?

14. 캐낼 수 있음.
　① 可採　② 縮尺　③ 勤勉　④ 餘暇

15. 현장에 가서 직접 보고 조사함.
　① 討議　② 踏査　③ 莊園　④ 宇宙

16. 여럿이 함께 무슨 일을 하거나 함께 책임을 짐.
　① 比較　② 追憶　③ 連帶　④ 副都心

17. 한 나라에서 공용어로 쓰는 규범으로서의 언어.
　① 誇張　② 氣孔　③ 標準語　④ 揭示板

18. 제사와 정치가 일치한다는 사상이나 정치형태.
　① 寬容　② 免疫　③ 象徵　④ 祭政一致

19. 말의 뜻을 구별하여 주는 소리의 가장 작은 단위.
　① 音韻　② 金融　③ 淸廉　④ 責任

20. 상태나 사회 활동 따위에 급격한 변혁이 일어나는 일.
　① 濃度　② 令狀　③ 放縱　④ 革命

21. 자갈·모래·진흙·생물체 따위가 지표나 물 밑에 쌓여 이룬 층.
　① 地層　② 汚染　③ 需要　④ 企業

22. 이익을 얻기 위하여 어떤 일이나 사업에 자본을 대거나 시간이나 정성을 쏟음.
　① 推薦　② 情緖　③ 投資　④ 突然

23. 신체의 이상적 발달을 꾀하고 신체의 결함을 교정 또는 보충시켜 주기 위해서 행하는 조직화된 운동.
　① 輸入　② 體操　③ 干拓　④ 志操

※ 다음 문장 중 ( )안에 들어갈 한자어로 알맞은 것은?

24. 오랜 대립과 ( )이 마침내 해소되었다.
　① 葛藤　② 臺本　③ 散策　④ 摩擦力

25. 현미경으로 양파의 표피( )를 관찰하였다.
　① 懶怠　② 福祉　③ 販賣　④ 細胞

26. 이번 ( )을 보기위해 일주일 전에 예매를 했다.
　① 恐慌　② 恭敬　③ 地震　④ 公演

27. 양쪽의 무게가 같으면 양팔저울은 ( )을 이룬다.
　① 抵抗　② 戲曲　③ 平衡　④ 含蓄

28. 글을 읽고 중심 내용을 100자 이내로 ( )하시오.
　① 敍述　② 寡占　③ 氣圍　④ 天賦

29. 이곳에는 많은 양의 원유와 천연가스가 ( )
    돼 있다.
    ① 秩序 ② 疏通 ③ 埋藏 ④ 血緣

30. TV프로를 ( )한 범죄가 사회적으로 문제가
    되고 있다.
    ① 還穀 ② 納稅 ③ 模倣 ④ 中繼貿易

주관식 (31~100번)

※ 다음 한자의 훈(뜻)과 음(소리)을 쓰시오.

31. 得 (얻을 득)   32. 患 (근심 환)

33. 均 (고를 균)   34. 氷 (얼음 빙)

35. 乃 (이에 내)   36. 貨 (재화 화)

37. 笑 (웃을 소)   38. 遇 (만날 우)

39. 官 (벼슬 관)   40. 建 (세울 건)

41. 松 (소나무 송)   42. 酉 (닭 유)

43. 逆 (거스를 역)   44. 退 (물러날 퇴)

45. 極 (다할 극)

※ 다음 ○안에 공통으로 들어갈 한자를 〈보기〉
   에서 찾아 쓰시오.

〈보기〉	參	能	更	集	保

46. ○散   ○中   雲○   (集)

47. ○席   ○與   ○拜   (參)

48. 安○   ○存   ○溫   (保)

49. ○新   ○紙   ○年期   (更)

※〔가로열쇠〕와〔세로열쇠〕를 읽고, 빈칸에 공통
   으로 들어갈 한자를 쓰시오.

50.
巨		가로열쇠	부유하고 강함.
富	强	세로열쇠	큰 부자.

51.
	自	가로열쇠	국가의 강제력을 수반하는 사회 규범.
法	律	세로열쇠	남의 지배나 구속을 받지 아니하고 자기 스스로의 원칙에 따라 하는 일

52.
復	習	가로열쇠	배운 것을 다시 익혀 공부함.
	性	세로열쇠	습관이 되어 버린 성질.

※ 다음 한자어의 독음을 쓰시오.

53. 協同 (협동)   54. 認識 (인식)

55. 防寒 (방한)   56. 甘受 (감수)

57. 適用 (적용)   58. 調節 (조절)

59. 波及 (파급)   60. 舍屋 (사옥)

61. 聲量 (성량)   62. 流布 (유포)

63. 選定 (선정)   64. 原則 (원칙)

65. 萬若 (만약)   66. 處世 (처세)

67. 溪谷 (계곡)

※ 다음 글을 읽고 밑줄 친 부분의 뜻을 가진
   한자를 〈보기〉에서 찾아 쓰시오.

나무야, 나무야!

박예분

너무 (68)슬퍼하지마!
(69)꽃을 피우지 못한다고
(70)열매를 맺지 못한다고
가만히 (71)생각해 보렴,
뒷목 따갑게
햇살 내리쬐는 (72)여름날
누군가
네 (73)그늘에 (74)앉아
한숨 쉬어간 적 없었니?

〈보기〉	陽	忠	夏	實	坐	花	陰	想	悲

68. 悲   69. 花   70. 實

71. 想   72. 夏   73. 陰

74. 坐

※ 다음 문장 중 한자로 표기된 단어의 독음을 쓰시오.

75. 실패의 원인을 分析해보았다. (분석)

76. 超過 근무 수당을 지급하였다. (초과)

77. 대 국민 輿論 조사를 실시했다. (여론)

78. 긍정적인 消費문화를 형성해야 한다.
(소비)

79. 야영장은 가족단위 休養客들로 북적였다.
(휴양객)

80. y가 x의 函數라는 것은 y=f(x)로 표시한다.
(함수)

81. 두 나라의 정치 체제는 對應되는 면이 많다.
(대응)

82. 이 책에는 筆者의 주장이 분명하게 드러나지 않는다. (필자)

83. 해병대 캠프 사건은 '豫見된 인재'라는 평가가 지배적이다. (예견)

84. 문장은 구, 단어, 形態素와 같은 작은 단위로 나눌 수 있다. (형태소)

85. 빈혈이 있으면 치매에 걸릴 確率이 더 높다는 연구 결과가 나왔다. (확률)

86. 잘못된 자세로 인해 '거북목 症候群'이 발병하는 사례가 증가하고 있다. (증후군)

87. 竹林七賢은 중국 진나라 초기에 정치권력에 등을 돌리고 거문고와 술을 즐긴 일곱 명의 선비를 말한다. (죽림칠현)

※ 다음 문장 중 ( )안의 단어를 한자로 쓰시오.

88. 그녀의 (쾌활)한 성격이 참 좋다. (快活)

89. 오늘 하루를 (반성)하며 일기를 썼다.
(反省)

90. 이 세상의 모든 어머니는 (위대)하다.
(偉大)

91. 그는 언제나 나의 의견을 (존중)해 주었다.
(尊重)

92. 최선을 다했기에 결과에 상관없이 (만족)스러웠다. (滿足)

93. 바다에서 표류하던 난민들이 지나가는 배에 (구조)를 요청했다. (救助)

※ 다음 문장 중 한자로 표기된 단어의 잘못 쓰인 부분을 바르게 고쳐 쓰시오. (단, 음이 같은 한자로 고칠 것)

94. 수상자 발표 중 내 이름이 好名되었다.
(好 → 呼)

95. 비만예방과 건강을 위해 運東을 꾸준히 해야 한다. (東 → 動)

※ 다음 한자성어의 설명을 읽고 □안에 들어갈 알맞은 한자를 〈보기〉에서 찾아 순서에 맞게 쓰시오.

〈보기〉 燈 徒 佳 書 走 前 看 爲 判 才

96. 無□□食 : '하는 일 없이 단지 먹기만 한다.'는 뜻. (爲, 徒)

97. □子□人 : 재주 있는 남자와 아름다운 여자를 아울러 이르는 말. (才, 佳)

98. 身言□□ : 인물을 선택하는 데 표준으로 삼던 '몸·말씨·글씨·판단력'의 네 가지 조건. (書, 判)

99. □馬□山 : 이것저것을 천천히 살펴볼 틈이 없이 바삐 서둘러 대강대강 보고 지나침을 이르는 말. (走, 看)

100. 風□□火 : '바람 앞의 등불'이라는 뜻으로, 사물이 매우 위태로운 처지에 놓여 있음을 비유적으로 이르는 말. (前, 燈)

◎ 합격자 발표 : 2013. 09. 16.(월)
◎ 합격자 확인 : 홈페이지(www.hanja114.org)
◎ 한자동영상 강의 : www.hanja.tv 에서 '66회 수험번호'를 입력하면 수강료의 20%가 할인됩니다.

참고자료

1
부수한자 풀이

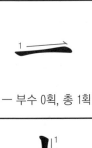

한(하나) 일 / 온(온통) 일

가로로 놓인 획 또는 선 '**하나**'인 수효를 나타낸 것입니다.
셈의 시작이나 사물의 처음을 뜻하기도 합니다.
전체를 아우르는 말인 '**온**'으로도 쓰입니다.

一 부수 0획, 총 1획

七 _ 일곱 칠
上 _ 위 상
下 _ 아래 하
不 _ 아닐 불/부

뚫을(통할) 곤

위에서 아래로 바로 꿰 '**뚫는다**'는 뜻입니다.

丨 부수 0획, 총 1획

中 _ 가운데 중

점 주 / 불똥 주

등잔 속 심지불로부터 튄 한 '**점**'의 '**불똥**'을
나타낸 것입니다.

丶 부수 0획, 총 1획

丸 _ 알 환
丹 _ 붉을 단
主 _ 주인 주

삐칠 별

글씨를 오른쪽에서 왼쪽으로 당겨 쓰며
'**삐친다**'는 뜻입니다.

丿 부수 0획, 총 1획

乃 _ 이에 내
之 _ 갈 지
乎 _ 어조사 호
乘 _ 탈 승

새 을 / 싹날 을

'새'의 굽은 앞가슴처럼 초목의 '**싹이 나오는**'
모습을 나타낸 것입니다.

乙 부수 0획, 총 1획

九 _ 아홉 구
也 _ 어조사 야
乳 _ 젖 유
乾 _ 하늘 건

갈고리 궐

낚시처럼 거꾸로 굽은 쇠인 '**갈고리**'를 뜻합니다.

亅 부수 0획, 총 1획

了 _ 마칠 료
予 _ 나 여/줄 여
事 _ 일 사

두(둘) 이

하늘과 땅을 가로로 나란히 두 선을 그어 '**둘**'을
나타낸 것입니다.

二 부수 0획, 총 2획

五 _ 다섯 오
井 _ 우물 정
互 _ 서로 호
亞 _ 버금 아

亡 _ 망할 망 交 _ 사귈 교 亦 _ 또 역 享 _ 누릴 향	### 돼지해머리 / 머리 두 가로선 위에 꼭지점을 찍어 '머리'부분이나 '위'를 나타낸 것입니다. 亠 부수 0획, 총 2획
令 _ 명령할 령 以 _ 써 이 來 _ 올 래 仁 _ 어질 인	### 사람 인 팔을 늘어뜨린 채 다리로 내딛고 서 있는 '사람'의 모양을 본뜬 것입니다. ▶ 변형 부수자는 亻(사람인변)임. 人 亻 부수 0획, 총 2획
元 _ 으뜸 원 兄 _ 형 형 光 _ 빛 광 兒 _ 아이 아	### 어진사람인발 / 받침사람 인 왼쪽은 팔을 쭉 뻗고 오른쪽은 다리를 약간 굽혀 팔과 다리가 서로 다름을 보인 '사람'의 모양을 본뜬 것입니다. 儿 부수 0획, 총 2획
內 _ 안 내 全 _ 온전할 전 兩 _ 두 량	### 들 입 / 들어갈 입 풀과 나무의 뿌리가 땅으로 박혀 '들어가는'모양을 본뜬 것입니다. ▶ 入(들 입) 人(사람 인).  入 부수 0획, 총 2획
公 _ 공평정직할 공 六 _ 여섯 륙 共 _ 함께 공 兵 _ 군사 병	### 여덟 팔 / 나눌(갈라질) 팔 하나는 왼쪽을 향하고, 하나는 오른쪽을 향하여 서로 등져 '나누어지는' 모습을 나타내며, 두 손의 손가락을 네 개씩 펴 서로 등진 손가락 수가 '여덟'이라는 뜻입니다. ▶ 사람의 몸에서 무릎 아래 종아리로부터 그 아래의 '다리'부분의 모양을 본뜬 자. 八 부수 0획, 총 2획
冊 _ 책 책 再 _ 두 재	### 멀 경 몸 이어져 뻗쳐 있으며 각각 경계 지어 나누어진 교외의 '멀리'까지를 나타낸 것입니다. 冂 부수 0획, 총 2획
冠 _ 갓 관 冥 _ 어두울 명	### 민갓머리 / 덮을 멱 천으로 물건을 '덮는다'는 뜻입니다. 冖 부수 0획, 총 2획

冫 부수 0획, 총 2획

이 수 변 / 얼음 빙

물이 무늬 결로 엉긴 '**얼음**' 모양을 본뜬 것입니다.

冬 _ 겨울 동
冷 _ 찰 랭
凍 _ 얼 동
凉 _ 서늘할 량

几 부수 0획, 총 2획

안석 궤

다리가 달려 있어 걸터앉을 수 있는 걸상인 '**안석**'의 모양을 본뜬 것입니다.

凡 _ 무릇 범
凰 _ 봉황새 황
凱 _ 싸움이긴풍류 개

凵 부수 0획, 총 2획

위튼입구몸 / 입벌릴 감

사람이 아랫입술만 넓게 하여 '**입벌린**' 동작을 나타낸 것입니다.

凶 _ 흉할 흉
出 _ 날 출
凹 _ 오목할 요
凸 _ 볼록할 철

刀 刂 부수 0획, 총 2획

칼 도 / 외날칼 도

자루가 달리고 등과 외날이 있는 '**칼**'의 모양을 본뜬 것입니다.

分 _ 나눌 분
初 _ 처음 초
利 _ 이로울 리
前 _ 앞 전

力 부수 0획, 총 2획

힘(힘줄) 력

힘을 주어 불끈 솟아오른 사람의 '**힘**'줄 모양을 본뜬 것입니다.

加 _ 더할 가
功 _ 공 공
勞 _ 수고로울 로
務 _ 힘쓸 무

▶ 力(힘 력) 刀(칼 도).

勹 부수 0획, 총 2획

쌀 포 몸 / 쌀 포

사람이 몸을 구부려 품속의 물건을 감'**싸고 있는**' 모습을 나타낸 것입니다.

勿 _ ～하지말 물
包 _ 쌀(꾸릴) 포

匕 부수 0획, 총 2획

숟가락 비 / 비수 비

나무로 만든 밥 '**숟가락**'의 모양을 본뜬 것입니다.

化 _ 화할 화
北 _ 북녘 북/달아날 ㅂ

	튼입 **구** 몸 / 상자 **방**
匡 _ 바를 광	통나무를 파서 만든 '**상자**' 모양을 본뜬 것입니다.
匠 _ 장인 장	
匪 _ 도둑 비	
匱 _ 궤 궤	

匚 부수 0획, 총 2획

	감출 **혜** 몸
匹 _ 짝 필	덮어 가려 '**감춘다**'는 뜻입니다.
區 _ 구역 구	
匿 _ 숨을 닉	

匸 부수 0획, 총 2획

	열 **십**
千 _ 일천 천	동서남북 사방과 중앙이 온전히 갖추어지면
午 _ 낮 오	결함이 없듯이, 온전한 두 손을 엇갈면
卑 _ 낮을 비	손가락의 수가 모두 '**열**'이 된다는 뜻입니다.
南 _ 남녘 남	

十 부수 0획, 총 2획

	점 **복**
占 _ 점 점	거북 등딱지를 불에 그슬려 등딱지의 갈라진 금의 모양을
卦 _ 점괘 괘	보고 길흉의 '**점**'을 쳤다는 뜻입니다.
卞 _ 조급할 변	

卜 부수 0획, 총 2획

	병부 **절** 방 / 뼈마디 **절**
卯 _ 토끼 묘	반으로 갈라져 서로 결합되는 한 쪽의 '**부절**'모양을
危 _ 위태할 위	본뜬 것입니다.
印 _ 도장 인	
卵 _ 알 란	

▶ 부수자가 巳(병부절방)으로도 쓰임

卩 巳 부수 0획, 총 2획

	민엄호 / 언덕 **한**
厄 _ 재앙 액	산기슭에 돌출한 바위 아래의 빈 곳에 사람이
厚 _ 두터울 후	살 수 있도록 '**언덕**'져 있다는 뜻입니다.
原 _ 근원 원	
厥 _ 그 궐	

厂 부수 0획, 총 2획

	마늘모 / 사사로울 **사**
去 _ 갈 거	갈고리같이 마음이 굽은 사람은
參 _ 석 삼/참여할 참	항상 공정하지 못하고 이익 됨만을 '**사사로이**'챙긴다는
	뜻입니다.

厶 부수 0획, 총 2획

又 부수 0획, 총 2획

또 우 / 손 우

오른손잡이의 오른'손'은 자주 '또' 쓴다는 뜻입니다.

及 _ 미칠 급
反 _ 돌이킬 반
友 _ 벗 우
取 _ 취할 취

口 부수 0획, 총 3획

입 구

사람이 말하거나 먹거나 입맞춤하는 일을 오로지 담당하는 기관인 '입'모양을 본뜬 것입니다.

可 _ 옳을 가
古 _ 예 고
右 _ 오른 우
同 _ 한가지 동

囗 부수 0획, 총 3획

큰입 구 몸 / 에울 위

빙 두루 돌려 다시 합해지도록 '에워싼다'는 뜻입니다.

四 _ 넉 사
囚 _ 가둘 수
因 _ 인할 인
國 _ 나라 국

土 부수 0획, 총 3획

흙 토

대체로 싹이 돋아나는 곳이 '흙'이라는 뜻입니다.

在 _ 있을 재
地 _ 땅 지
坐 _ 앉을 좌
堂 _ 집 당
執 _ 잡을 집

士 부수 0획, 총 3획

선비 사

하나를 듣고 열을 알기 때문에 능히 일을 맡을 수 있는 사람이 곧 '선비'라는 뜻입니다.

▶土(선비 사) 土(흙 토).

壯 _ 씩씩할 장
壹 _ 한 일
壽 _ 목숨 수

夂 부수 0획, 총 3획

뒤처져올 치

사람의 두 다리는 걸을 때 번갈아 가며 한쪽 다리는 다른 한쪽 다리보다 항상 '뒤처져온다'는 뜻입니다.

変 _ 변할 변

夊 부수 0획, 총 3획

천천히걸을쇠발

손으로 지팡이를 짚거나 끌고 가야 하므로 두 다리는 자연히 '천천히 걷게 된다'는 뜻입니다.

夏 _ 여름 하

_ 바깥(밖) 외
_ 밤 야
_ 꿈 몽

저녁 석

땅거미가 지기 시작하거나 초승달의 빛이 반쯤 땅에 비추는 어둑한 때인 초'저녁'을 나타낸 것입니다.

夕 부수 0획, 총 3획

_ 사내 부
_ 하늘 천
_ 가운데 앙
_ 오랑캐 이

큰 대

어른이 양팔을 벌리고 선 모습이 '크다'는 뜻입니다.

大 부수 0획, 총 3획

_ 좋을 호
_ 비로소 시
_ 맡길 위
_ 아내 처

계집 녀 / 여자 녀 / 딸 녀

항상 두 손을 포개고 무릎은 여미며 고요히 앉아 있는 '여자'의 모습을 나타낸 것입니다.

女 부수 0획, 총 3획

_ 글자 자
_ 있을 존
_ 효도 효
_ 배울 학

아들 자 / 자식(아이) 자 / 씨 자

포대기 안에 있는 '자식(아이)'의 모양을 본뜬 것입니다.

子 부수 0획, 총 3획

_ 지킬 수
_ 편안할 안
_ 하늘 주
_ 집 가

갓머리 / 집 면

동서남북 네 면에 담장이 있고 위에 덮개가 있는 '집'의 모양을 본뜬 것입니다.

宀 부수 0획, 총 3획

_ 절 사
_ 장수 장
_ 오로지 전
_ 찾을 심

마디 촌 / 한치 촌

손목에서 맥박이 뛰는 데까지의 사이, 또는 손가락의 한 '마디'라는 뜻입니다. 길이단위인 '한치', '시각', '촌수'등의 뜻으로도 쓰입니다.

寸 부수 0획, 총 3획

_ 적을 소 / 젊을 소
_ 뾰족할 첨
_ 오히려 상

작을 소

八(팔)의 한 가운데를 나눔을 나타내는 글자로 '작게' 나누다의 뜻입니다.

小 부수 0획, 총 3획

절름발이 왕

오른쪽 다리가 굽은 사람의 걸음걸이가 절뚝거리니
곧 '절름발이'라는 뜻입니다.

尤 더욱 우
就 나아갈 취

尢 兀 尣 부수 0획, 총 3획

주검 시 엄 / 시체 시

사람의 몸이 고꾸라져 누운 뒤 영원히 일어나지
못하니 곧 '주검'이라는 뜻입니다.

尹 다스릴 윤
尺 자 척
尾 꼬리 미
屬 붙을 속

尸 부수 0획, 총 3획

왼손 좌 / 싹날 철

초목의 '싹이 나는'모습을 나타낸 것입니다.

屮 모일 둔

屮 부수 0획, 총 3획

메(뫼 산) 산

우뚝 솟은 '산' 모양을 본뜬 것입니다.

岸 언덕 안
岳 큰산 악
島 섬 도
崇 높일 숭

山 부수 0획, 총 3획

개미허리 / 내 천

큰물이 길게 흘러가는 '내'의 모양을 본뜬 것입니다.

州 고을 주
巡 순행할 순
巢 새집 소

巜 川 부수 0획, 총 3획

장인 공 / 솜씨좋을 공

일을 하면 기준에 맞고 먹줄 놓은 것처럼 곧고 발라서
물건 등을 만들어내는 솜씨가 있는 사람을
'장인'이라고 한다는 뜻입니다.

巨 클 거
巧 공교로울 교
左 왼 좌
差 어긋날 차

工 부수 0획, 총 3획

몸 기 / 배 기

사람의 '배'모양을 본떴으며, 곧 자기의 '몸'을
나타낸 것입니다.

巳 뱀 사
已 이미 이
巷 거리 항

己 부수 0획, 총 3획

▶ 己(몸 기) 已(이미 이) 巳(뱀 사).

市 _ 저자(시장) 시 帥 _ 장수 수 師 _ 스승 사 帶 _ 띠 대	### 수건 건 사물을 덮고도 그 끝이 아래로 드리운 '수건'의 모양을 본뜬 것입니다. 	 巾 부수 0획, 총 3획
平 _ 평평할 평 年 _ 해 년 幸 _ 다행 행 幹 _ 줄기 간	### 방패 간 / 범할 간 '방패'의 모양을 본뜬 것입니다. 방패를 창이나 화살로 뚫었으니 곧 방패의 고유 기능을 '범하다'란 뜻입니다. 	 干 부수 0획, 총 3획
幼 _ 어릴 유 幽 _ 그윽할 유 幾 _ 몇 기	### 작을 요 아이가 처음 생긴 때는 아주 '작은' 모양이라는 뜻입니다. 絲(실 사)의 반은 糸(실사변)이고 糸의 반은 幺가 되어 가늘어 '작거'나 은밀히 숨는다는 뜻도 있습니다. 	 幺 부수 0획, 총 3획
床 _ 평상 상 度 _ 법 도 / 헤아릴 측 庭 _ 뜰 정	### 엄 호 / 집 엄 언덕진 바위 위에 지은 아래는 넓고 위는 뾰족한 '집'의 모양을 본뜬 것입니다. 	 广 부수 0획, 총 3획
延 _ 끌 연 廷 _ 조정 정 建 _ 세울 건 廻 _ 돌 회	### 민책받침 / 길게걸을 인 발걸음이 연이어 끊어지지 않게 '길게걷는다'는 뜻입니다. 	 廴 부수 0획, 총 3획
弁 _ 고깔 변 弄 _ 희롱할 롱 弊 _ 폐단 폐	### 스물 입 발 / 두손공손히할 공 좌우의 손을 모아 '두 손을 공손히 한다'는 뜻입니다. 	 廾 부수 0획, 총 3획
式 _ 법 식 弑 _ 죽일 시	### 주살 익 / 말뚝 익 나무의 '말뚝'모양을 나타낸 것입니다. 뾰족한 나무에 끈을 매 '주살'로사용한다는 뜻도 있습니다. 	 弋 부수 0획, 총 3획

활 궁

보관하기 위해 시위(활줄)를 풀어놓은 '활'의 모양을 본뜬 것입니다.

弓 부수 0획, 총 3획

引 _ 끌 인
弗 _ 아닐 불
弟 _ 아우 제
弱 _ 약할 약

튼가로왈 / 돼지머리 계

위는 뾰족하고 얼굴 부분이 큰 '돼지머리'의 모양을 본뜬 것입니다.

▶ 변형 부수자는 彑(튼가로왈)임.

彐 彑 부수 0획, 총 3획

彗 _ 비 혜
彘 _ 돼지 체
彙 _ 무리 휘
彝 _ 떳떳할 이

터럭 삼 / 그릴 삼

붓'털'로 똑같지 않게 꾸며 '그린' 무늬를 본뜬 것입니다.

彡 부수 0획, 총 3획

形 _ 형상 형
彦 _ 선비 언
彬 _ 빛날 빈
彩 _ 채색 채

두 인 변 / 조금걸을 척

넙적다리·정강이·발의 세 곳이 붙어 서로 연결된 모습을 본뜬 것입니다.
行(다닐 행)의 반으로 움직임을 작게 하여 '조금걷는다'는 뜻입니다.

彳 부수 0획, 총 3획

往 _ 갈 왕
後 _ 뒤 후
德 _ 덕 덕
徹 _ 통할 철

마음 심

사람 몸속에 있는 염통 모양을 본뜬 것입니다.
염통은 몸의 가운데 있으며 또 공허하고 밝은 불의 장기가 돼 '마음'의 바탕이 된다는 뜻입니다.

心 小 忄 부수 0획, 총 4획

必 _ 반드시 필
忠 _ 충성 충
性 _ 성품 성
恭 _ 공손할 공

창 과

자루 달린 '창'의 모양을 대략 본뜬 것입니다.

戈 부수 0획, 총 4획

戊 _ 다섯째천간 무
戍 _ 수자리 수
戌 _ 개 술
成 _ 이룰 성

지게(한짝문) 호 / 집 호

집의 실내에 설치한 '한짝문(지게)'의 모양을 본뜬 것입니다.

戶 부수 0획, 총 4획

房 _ 방 방
所 _ 바 소

손 수

承 _ 이을 승
掌 _ 손바닥 장
才 _ 재주 재
投 _ 던질 투

손바닥 및 다섯 손가락을 펴고 있는
'손'의 모양을 본뜬 것입니다.

手 부수 0획, 총 4획

지탱할 지 / 줄 지

歧 _ 기울어질 기
𧆛 _ 길 심

손으로 대나무 가지를 떼어내고 장대를
만들어 '지탱해주는' 버팀목의
모양을 본뜬 것입니다.

支 부수 0획, 총 4획

칠 복

敲 _ 두드릴 고
改 _ 고칠 개
放 _ 놓을 방
敎 _ 가르칠 교

점을 보며 손으로 가볍게 '치는' 모습을
나타낸 것입니다.

▶ 변형 부수자는 攵(등글월문)임.
▶ 등은 等(같을 등)이니, 攵의 생김새가 글월문(文)과
  비슷하다는 뜻이다.

攴 攵 부수 0획, 총 4획

글월 문 / 무늬 문

斑 _ 얼룩질 반
斐 _ 문채날 비

교차되게 그은 '무늬'라는 뜻입니다.
문장의 '글월'도 그런 의미로 엮는다는 뜻입니다.

文 부수 0획, 총 4획

말 두

料 _ 헤아릴 료
斜 _ 비낄 사
斡 _ 주선할 알

곡식 등의 용량을 재는 그릇은
자루 달린 '말'의 모양을 본뜬 것입니다.

斗 부수 0획, 총 4획

근 근 / 도끼 근

斥 _ 내칠 척
斯 _ 이 사
新 _ 새 신
斷 _ 끊을 단

'도끼'날의 모양을 본뜬 것입니다.
도끼는 무게를 다는 '근'단위의 뜻도 있습니다.

斤 부수 0획, 총 4획

모 방 / 방향 방

於 _ 어조사 어
施 _ 베풀 시
旅 _ 나그네 려
族 _ 겨레 족

아울러 맨 두 척의 배를 가로로 본 모양을
본뜬 것입니다. '모'난 부분이
어디로든 향하는 '방향'이 있다는 뜻입니다.

方 부수 0획, 총 4획

없을 무

하늘(天)의 몸체가 산이 울퉁불퉁한 서북쪽으로
기울여 둥긂이 '없음'을 나타낸 것입니다.

无 부수 0획, 총 4획

旣 _ 이미 기

해 일 / 날 일

흑점이 있는 '해'의 모양을 본뜬 것입니다.
해가 뜨고 지는
하루인 '날'을 뜻하기도 합니다.

日 부수 0획, 총 4획

旬 _ 열흘 순
明 _ 밝을 명
春 _ 봄 춘
晝 _ 낮 주

가로(말할) 왈

입을 벌리고 입김을 내며 '말한다'는 뜻입니다.

曰 부수 0획, 총 4획

曲 _ 굽을 곡
更 _ 고칠 경 / 다시 갱
書 _ 글 서
會 _ 모일 회

달 월

초승'달'의 모양을 본뜬 것입니다.

月 부수 0획, 총 4획

有 _ 있을 유
朗 _ 밝을 랑
望 _ 바랄 망
朝 _ 아침 조

나무 목

땅에 뿌리를 내리고 가지를 치며 자라는
'나무'의 모양을 본뜬 것입니다.

木 부수 0획, 총 4획

末 _ 끝 말
東 _ 동녘 동
李 _ 오얏 리
栗 _ 밤 률
栽 _ 심을 재

하품 흠

사람이 머리를 처들고 입기운을 내며
'하품'하는 모습을 나타낸 것입니다.

欠 부수 0획, 총 4획

次 _ 버금 차
欲 _ 하고자할 욕
欺 _ 속일 기
歌 _ 노래 가

그칠 지 / 발 지

사람의 발가락을 강조한 '발'의 모양을
본뜬 것입니다.

止 부수 0획, 총 4획

正 _ 바를 정
步 _ 걸음 보
武 _ 굳셀 무
歸 _ 돌아올 귀

死 _ 죽을 사 殃 _ 재앙 앙 殆 _ 위태로울 태 殊 _ 다를 수	### 죽을 사 변 / 뼈앙상할 알 살을 발라 내니 '뼈가 앙상하다'는 뜻입니다. ▶ 歹 = 歺	 歹 歺 부수 0획, 총 4획
段 _ 층계 단 殺 _ 죽일 살 / 줄일 쇄 毁 _ 헐 훼	### 갖은등글월문 / 몽둥이 수 사람을 격리하여 단절시키려고 손에 긴 '몽둥이'를 잡고 있다는 뜻입니다. ▶ 갖은이란 말은 '획을 더 많게 한다'는 의미가 있음.	 殳 부수 0획, 총 4획
母 _ 어머니 모 每 _ 매양 매 毒 _ 독할 독	### 말 무 부드럽고 연약한 여자를 압박하여 간사하게 하려는 사람을 한결같이 그렇게 하지'말'도록 금지한다는 뜻입니다.	 毋 부수 0획, 총 4획
比 _ 도울 비 毖 _ 삼갈 비	### 견줄 비 / 나란할 비 서로 친밀한 두 사람이 '나란히' 서서 서로 '견주어본다'는 뜻입니다.	 比 부수 0획, 총 4획
毫 _ 가는털 호	### 털 모 사람의 눈썹·머리털, 또는 짐승 등의 '털'모양을 본뜬 것입니다.	 毛 부수 0획, 총 4획
民 _ 백성 민 氓 _ 백성 맹	### 뿌리 씨 / 각시 씨 땅 위로는 움이 되고 땅 아래로는 '뿌리'가 되는 나무의 밑동을 뜻합니다.	 氏 부수 0획, 총 4획
氣 _ 기운 기	### 기운 기 엄 구름의 모양과 같이 산천에서 처음 나오는 '기운'의 모습을 본뜬 것입니다.	 气 부수 0획, 총 4획

水

水 氵 氺 부수 0획, 총 4획

물 수

흘러가는 '물'의 모양을 본뜬 것입니다.

▶ 변형 부수자는 氵(삼수변)임.

永 _ 길(오랠) 영
求 _ 구할 구
泉 _ 샘 천
泰 _ 클 태
江 _ 강 강

火

火 灬 부수 0획, 총 4획

불 화

활활 타오르는 '불'꽃의 모양을 본뜬 것입니다.

▶ 새 부류의 '발톱'모양을 본뜬 자.
▶ 변형 부수자는 灬(연화발)임.

災 _ 재앙 재
炭 _ 숯 탄
營 _ 경영할 영
然 _ 그럴 연

爪

爪 爫 부수 0획, 총 4획

손톱(발톱) 조

새 부류의 '발톱'모양을 본뜬 것입니다.

▶ 爪=爫

爭 _ 다툴 쟁
爲 _ 할 위
爵 _ 벼슬 작
爰 _ 이에 원

父

父 부수 0획, 총 4획

아비(아버지) 부 / 남자어른 보

손에 회초리를 들고서 아이들을 인도하고
가르치는 '아비'란 뜻입니다.

爺 _ 아비 야

爻

爻 부수 0획, 총 4획

효 효 / 점괘 효

『주역(周易)』이란 책 속의 여섯 개의 '효'가 거듭되어
교차하여 서로 합해지거나 하여
얻은 '점괘'를 뜻합니다.

爽 _ 시원할 상
爾 _ 너 이

爿

爿 부수 0획, 총 4획

장수 장 변 / 나무조각 장

쪼갠 '나무조각'의 모양을 본뜬 것입니다.

牀 _ 평상 상
牆 _ 담 장

片

片 부수 0획, 총 4획

조각 편

나무를 가운데로 쪼개어 생긴 '조각'의 모양을
본뜬 것입니다.

版 _ 판목 판
牌 _ 패 패

牚 _ 버팀목 탱	**어금니 아** 턱 속에 있는 위와 아래가 서로 맞물린 '**어금니**'의 모양을 본뜬 것입니다.		 牙 부수 0획, 총 4획

牧 _ 칠(기를) 목
物 _ 만물 물
特 _ 특별할 특
牽 _ 끌 견

소 우

'**소**'의 뒷모습을 본뜬 것입니다.

牛 牜 부수 0획, 총 4획

狀 _ 문서 장 / 형상 상
獄 _ 감옥 옥
犯 _ 범할 범

개 견

앞발을 들고 짖어대는 '**개**'의 모양을
본뜬 것입니다.

犬 犭 부수 0획, 총 4획

玆 _ 검을 자
率 _ 거느릴 솔
      비율 률

검을 현

하늘빛은 '**검으면서**'붉다는 뜻입니다.

玄 부수 0획, 총 5획

珉 _ 옥돌 민
班 _ 나눌 반
理 _ 다스릴 리
琴 _ 거문고 금

구슬 옥

색이 빛나고 소리가 펴 드날리고 바탕이
깨끗한 아름다운 돌이 '**구슬**'이라는 뜻입니다.
세 개의 구슬을 한 줄로 꿴 모습을 본뜬 것입니다.

▶ 변형 부수자는 王 (구슬옥변 = 임금 왕)임.

玉 王 부수 0획, 총 5획

瓠 _ 박 호
瓢 _ 표주박 표
瓣 _ 외씨 판

오이(외) 과

땅 위에 덩굴로 나서 맺은 열매를 동들어 '**외**'라고
한다는 뜻입니다.
'**오이**'덩굴의 모양을 본뜬 것입니다.

▶ 瓜(오이 과) 爪(손톱 조)

瓜 부수 0획, 총 5획

瓷 _ 사기그릇 자
甄 _ 질그릇 견
甕 _ 독(단지) 옹

기와 와

지붕 위에 얹는 '**기와**'의 모양을 본뜬 것입니다.

瓦 부수 0획, 총 5획

甘 부수 0획, 총 5획

달 감

입에 머금어 좋은 것은 '**단**'맛이라는 뜻입니다.

甚 _ 심할 심

生 부수 0획, 총 5획

날(나올) 생 / 살 생

풀싹이 땅을 뚫고 '**나오는**'모양을 본뜬 것입니다.

産 _ 낳을 산
甥 _ 생질(외손자) 생

用 부수 0획, 총 5획

쓸 용

어떤 일을 시행함에 거북점으로 그 일을 점쳐서
들어맞으면 점을 받들어
시행하여 '**썼다**'는 뜻입니다.

甫 _ 클 보

田 부수 0획, 총 5획

밭 전

농지의 경계가 방정(方正)하고 길과 도량이 사방으로
통하도록 만들어진 '**밭**'의
모양을 본뜬 것입니다.

男 _ 사내 남
畓 _ 논 답
畜 _ 가축 축
畫 _ 그림 화 / 그을 획

疋 부수 0획, 총 5획

필 필 / 다리 소

사람의 몸에서 무릎 아래 종아리로부터
그 아래의 '**다리**'부분의 모양을 본뜬 것입니다.

▶ 필(疋)은 일정한 길이로 짠 피륙을 세는 단위임.

疎 _ 성길 소 / 적을 소
疑 _ 의심할 의

疒 부수 0획, 총 5획

병 질 엄 / 병들 녁

사람이 침상에 의지하여 휴양하거나
'**병**'을 고친다는 뜻입니다.

病 _ 병들 병
症 _ 증세 증
疾 _ 병 질

癶 부수 0획, 총 5획

필 발 머리 / 등질 발

발의 움직임과 그침이 자유롭지 못하여 그 걸어감에
나아가지 못한 상태인 두 발이 서로
'**등진**'모양을 나타낸 것입니다.

登 _ 오를 등
發 _ 필 발

	흰 백 / 아뢸 백		白
_일백 백			
_과녁 적	지평선 위로 아직 나오지 않은 해의 빛은		
_다 개	항상 '희다'는 뜻입니다.		
_임금 황			白 부수 0획, 총 5획

	가죽 피 / 가죽 비		皮
_주름 준	손으로 짐승의 털 달린 '가죽'을 벗기는		
_주름살 추	모습을 나타낸 것입니다.		
	▶ '털을 제거한 가죽'은 革(가죽 혁)임.		皮 부수 0획, 총 5획

	그릇 명		皿
_더할 익			
_도둑 도	음료수나 먹는 물건을 담는		
_성할 성	'그릇'의 모양을 본뜬 것입니다.		
_다할 진			皿 부수 0획, 총 5획

	눈 목 / 조목 목		目
_곧을 직			
_참 진	눈두덩은 외곽선으로 눈동자는 내부의 선으로		
_볼 간	나타낸 '눈'의 모양을 본뜬 것입니다.		
_서로 상			
_눈 안			目 부수 0획, 총 5획

	창 모		矛
_자랑할 긍	깃의 꾸미개를 매달아 세워 놓은 '창'의 모양을 본뜬 것입니다.		矛 부수 0획, 총 5획

	화살 시		矢
_어조사 의			
_알 시	활이나 쇠뇌를 쏠 때 사용하는 '화살'이라는		
_법 구	뜻입니다.		
_짧을 단			矢 부수 0획, 총 5획

	돌 석		石
_갈 연			
_벼루 연	바위 언덕 아래의 '돌' 모양을 본뜬 것입니다.		
_푸를 벽			
_갈 마			石 부수 0획, 총 5획

示		**보일 시** 하늘이 해·달·별의 변동함을 나타내 사람들에게 길함을 향하고 흉함을 피하도록 '보인다'는 뜻입니다. ▶ 변형 부수자는 礻(보일시변)임.	社 _ 모일 사 神 _ 귀신 신 祭 _ 제사 제 票 _ 표 표
示 부수 0획, 총 5획			

| 禸 | | **짐승발자국 유**

땅을 밟고 지나가 자취가 남아 있는
'짐승발자국'의 모양을 본뜬 것입니다. | 禹 _ 하우씨 우
离 _ 밝을 리
禽 _ 날짐승 금 |
| 禸 부수 0획, 총 5획 | | | |

| 禾 | | **벼 화**

이미 열매를 맺어 고개 숙인 '벼'의 모양을
본뜬 것입니다. | 私 _ 사사로울 사
秀 _ 빼어날 수
秋 _ 가을 추
秦 _ 진나라 진 |
| 禾 부수 0획, 총 5획 | | | |

| 穴 | | **구멍 혈**

옛날 사람들이 땅 등을 파헤쳐 집으로
삼았던 '굴(구멍)'의 모양을 본뜬 것입니다. | 究 _ 궁구할 구
空 _ 빌 공
突 _ 부딪칠 돌
窓 _ 창 창 |
| 穴 부수 0획, 총 5획 | | | |

| 立 | | **설 립**

사람이 몸을 이동하지 않고 땅 위에 '서'있는
모습을 본뜬 것입니다. | 竟 _ 마침내 경
競 _ 다툴 경
童 _ 아이 동
端 _ 끝 단 |
| 立 부수 0획, 총 5획 | | | |

| 竹 | | **대 죽**

마주서서 잎을 드리운 두 개의 '대나무'모양을
본뜬 것입니다. | 笑 _ 웃을 소
第 _ 차례 제
答 _ 대답할 답
筆 _ 붓 필 |
| 竹 부수 0획, 총 6획 | | | |

| 米 | | **쌀 미**

벼 열매의 겉껍질만 벗겨낸 '쌀알'의 모양을
본뜬 것입니다. | 粉 _ 가루 분
粟 _ 조 속 |
| 米 부수 0획, 총 6획 | | | |

糸 _ 실 사 約 _ 대략 약 索 _ 동아줄 삭 　　찾을 색 縣 _ 고을 현	**실 사 변 / 실 사** 누에가 토한 대략 묶은 '실'의 모양을 본뜬 것입니다. ▶ 糸(실사변)의 본래 글자는 絲(실 사)임.	 糸 부수 0획, 총 6획
缺 _ 이지러질 결	**장군(질장구) 부** 큰 배통·오무린 아가리·편편한 밑바탕·뚜껑이 있는 기와 그릇인 '장군'의 모양을 본뜬 것입니다.	 缶 부수 0획, 총 6획
罔 _ 없을 망 罕 _ 드물 한 罪 _ 허물 죄	**그물 망** 노끈 등의 실을 교차하여 얽어 짠 '그물'의 모양을 본뜬 것입니다. ▶ 변형 생략 부수자는 㓁 罒 㓁임.	 网㓁罒㓁㓁 부수 0획, 총 6획
美 _ 아름다울 미 群 _ 무리 군 義 _ 옳을 의	**양 양** '양'의 머리·뿔·네 발·꼬리 등의 모양을 본뜬 것입니다.	 羊 부수 0획, 총 6획
翁 _ 늙은이 옹 習 _ 익힐 습 翰 _ 붓 한 翼 _ 날개 익	**깃 우 / 날개 우** 새의 긴 '깃' 또는 두 '날개'의 모양을 본뜬 것입니다.	 羽 부수 0획, 총 6획
考 _ 상고할 고 者 _ 놈(사람) 자 　　것 자	**늙을 로** 사람의 수염·머리카락 등이 나이가 많아질수록 검음으로부터 희게 변화함이 '늙음'이라는 뜻입니다. ▶ 변형 부수자는 耂(늙을로엄)임.	 老 耂 부수 0획, 총 6획
耐 _ 견딜 내	**말이을 이 / 수염 이** 입 위와 턱 밑에 난 빰의 털인 '수염'의 모양을 본뜬 것입니다.	 而 부수 0획, 총 6획

耒 부수 0획, 총 6획

쟁기 뢰 / 가래 뢰

굽은 나무로 만들고 그 자루의 끝에 날카로운 쇠를
끼워 밭을 가는
농기구인 '쟁기'의 모양을 본뜬 것입니다.

耕 _ 밭갈 경
耦 _ 짝 우

耳 부수 0획, 총 6획

귀 이 / ~뿐(따름) 이

소리를 듣는 기관인 '귀'의 모양을 본뜬 것입니다.

聖 _ 성인 성
聞 _ 들을 문
聲 _ 소리 성
聽 _ 들을 청

聿 부수 0획, 총 6획

오직 율 / 붓 율

손으로 글씨 쓰는 도구인 '붓'을 쥐고 있는 모습을
나타낸 것입니다.

肆 _ 방자할 사
肅 _ 엄숙할 숙
肇 _ 시작할 조

肉 月 부수 0획, 총 6획

고기 육

살결이 있는 큰 덩이의 '고기'모양을 본뜬 것입니다.

▶ 月자가 달이 아니라 肉(고기 육)자의 의미로 쓰일 때는
변형 부수인 月(육달월변)으로 읽음. 肝(간), 肺(폐)

肝 _ 간 간
胡 _ 오랑캐 호
能 _ 능할 능
膚 _ 살갗 부

臣 부수 0획, 총 6획

신하 신

측면으로 서서 머리를 숙이고 손을 받들어
임금을 모시고 있는
'신하'의 모습을 본뜬 것입니다.

臥 _ 누울 와
臨 _ 임할 림
臧 _ 착할 장

自 부수 0획, 총 6획

스스로 자 / 코 자

'코'의 모양을 본뜬 자로, 사람이 자신을 말할 때는
간혹은 자기의 코를
'스스로' 가리킨다는 뜻도 있습니다.

臭 _ 냄새 취

至 부수 0획, 총 6획

이를 지

새가 날아 높은 곳으로부터 곧바로 내려와
땅에 '이른다'는 뜻입니다.

致 _ 다다를 치
　　 이룩할 치
臺 _ 토대 대
　　 대 대

舂 _ 절구질할 용	**절구 구**		
與 _ 줄 여	쌀을 넣고 공이를 이용하여 껍질을 벗겨내는 기구인 **'절구'**의 모양을 본뜬 것입니다.		臼 부수 0획, 총 6획

舍 _ 집 사	**혀 설**		
序 _ 펼 서	입 안에 있으면서 말하거나 맛을 구별하는 **'혀'**의 모양을 본뜬 것입니다.		舌 부수 0획, 총 6획

舜 _ 순임금 순	**어그러질 천**		
舞 _ 춤출 무	발걸음이 등지고 뒤섞여 있어 발길이 서로 **'어그러져있다'**는 뜻을 나타낸 것입니다.		舛 부수 0획, 총 6획

般 _ 옮길 반	**배 주**		
航 _ 배로물건널 항	물을 건너는 교통 기구인 **'배'**의 모양을 본뜬 것입니다.		舟 부수 0획, 총 6획
船 _ 배 선			

良 _ 어질 량	**괘이름 간 / 그칠 간**		
艱 _ 어려울 간	눈길을 서로 나란히 하여 시선을 한 곳에 **'그치게'**한다는 뜻입니다.		艮 부수 0획, 총 6획

艶 _ 고울 염	**빛(빛깔) 색**		
	사람의 마음에 느끼는 것이 있으면 그 기운이 미간에 나타나 마치 부절(符節)을 합한 것 같은 얼굴 **'빛'**을 띤다는 뜻입니다.		色 부수 0획, 총 6획

芻 _ 꼴(먹이풀) 추	**풀 초**		
花 _ 꽃 화	**'풀'**의 싹이 떨기로 나오는 모양을 본뜬 것입니다.		
萬 _ 일만 만			艸 ++부수 0획, 총 6획
蓮 _ 연 련	▶ 변형 부수자는 ++(초두머리)임. ▶ 艸 = 草		

虍		
虍 부수 0획, 총 6획	 범 호 엄 / 범무늬 호 머리 및 몸통 부분을 대략 본뜬 '범(호랑이)'의 모습을 나타낸 것입니다.	虎 _ 범(호랑이) 호 號 _ 부르짖을 호 虧 _ 이지러질 휴

虫		
虫 부수 0획, 총 6획	 살무사 훼 / 벌레 충 가느다란 목에 큰 머리를 가진 뱀인 '살무사'의 모양을 나타낸 것입니다. 사리고 있는 모습이 동물들의 웅크린 자세와 같으므로 그런 동물들을 통틀어 옛날에는 '벌레'라고 했다는 뜻입니다. ▶ 虫 = 蟲	蚊 _ 모기 문 蚤 _ 벼룩 조 蜀 _ 나라이름 촉 蜜 _ 꿀 밀

血		
血 부수 0획, 총 6획	 피 혈 그릇 속에 담긴 제사 때 쓰이는 희생 짐승의 '피'를 본뜬 것입니다. ▶ 血(피 혈) 皿(그릇 명)	衆 _ 무리 중

行		
行 부수 0획, 총 6획	 다닐 행 / 항렬 항 사람이 걷거나 달려 '다닌다'는 뜻입니다.	術 _ 재주 술 街 _ 거리 가 衝 _ 찌를 충 衛 _ 호위할 위

衣		
衣 부수 0획, 총 6획	 옷 의 사람이 의지하여 몸을 가리는데 쓰이는 것이 '옷'이라는 뜻입니다. ▶ 변형 부수자는 衤(옷의변)임. ▶ 주의 礻(보일시변)	表 _ 거죽 표 裏 _ 속 리 裁 _ 마름질할 재 被 _ 이불 피

襾		
襾 부수 0획, 총 6획	 덮을 아 위로부터 아래로 물건을 감싸 '덮는다'는 뜻입니다.	西 _ 서녘 서 要 _ 구할 요 覆 _ 엎을 복

見		
見 부수 0획, 총 7획	 볼 견 / 나타날 현 사람이 눈을 집중하여 '본다'는 뜻입니다.	規 _ 법 규 親 _ 친할 친 覺 _ 깨달을 각 覽 _ 볼 람

_ 풀 해 _ 닿을 촉 _ 술잔 상 _ 두려워할 곡	**뿔 각** 짐승의 '**뿔**'모양을 나타낸 것입니다. 	 角 부수 0획, 총 7획
_ 가르칠 훈 _ 경계할 경 _ 기릴 예 _ 변할 변	**말씀 언** 입안의 혀로부터 곧바로 나오는 '**말(말씀)**'이라는 뜻입니다. 	 言 부수 0획, 총 7획
_ 시내 계 _ 소통할 활	**골(골짜기) 곡** 솟아나온 샘물이 냇물을 이뤄 지나가는 두 산 사이의 우묵한 곳이 '**골(골짜기)**'이라는 뜻입니다. 	 谷 부수 0획, 총 7획
_ 어찌 기 _ 풍성할 풍	**콩 두 / 나무그릇 두** 옛날에 고기를 담아 먹던 '**나무그릇**'의 모양을 본뜬 것입니다. 그 그릇의 모양이 콩꼬투리 같이 생겨 '**콩**'의 뜻도 있습니다. 	 豆 부수 0획, 총 7획
_ 돼지 돈 _ 코끼리 상 _ 호걸 호 _ 미리 예	**돼지 시** '**돼지**'의 머리 · 네 다리 · 꼬리의 특징을 본뜬 것입니다. 	 豕 부수 0획, 총 7획
_ 표범 표 _ 종족이름 맥 _ 모양 모	**발없는벌레 치 / 맹수 치** 입이 크고 척추가 길어 먹이감을 잘 사냥하여 잡아먹는 '**맹수**'의 모양을 본뜬 것입니다. 사냥할 때 몸을 낮추고 기회를 엿보다가 구부린 몸을 펴는 모습이 뱀 지렁이 따위 의 '**발없는 벌레**'와 같다는 뜻입니다. 	 豸 부수 0획, 총 7획
_ 탐낼 탐 _ 살 매 _ 팔 매 _ 재물 재 _ 두 이	**조개 패** 등 부분이 높이 일어나고 배 아래가 나뉘어 갈라진 '**조개**'의 모양을 본뜬 것입니다. 	 貝 부수 0획, 총 7획

붉을 적

큰 불이 내는 빛은 대략 '붉은' 빛이라는 뜻입니다.

赤 부수 0획, 총 7획

赦 _ 용서할 사
赫 _ 붉을 혁

달릴 주

다리를 많이 굽혀 앞으로 빨리 '달려'나간다는 뜻입니다.

走 부수 0획, 총 7획

赴 _ 다다를 부
起 _ 일어날 기
超 _ 뛰어넘을 초

발 족

곧게 서거나 걷거나 달릴 때 그것을 담당하는 몸의 부분인 '발'의 모양을 본뜬 것입니다.

足 부수 0획, 총 7획

距 _ 떨어질 거
路 _ 길 로
跡 _ 발자취 적
踏 _ 밟을 답

몸 신

사람의 온 '몸'의 모양을 본뜬 것입니다.

身 부수 0획, 총 7획

躬 _ 몸 궁
軀 _ 몸 구

수레 거 / 차 차

바퀴와 굴대와 상자 통을 가로로 본 '수레'의 모양을 본뜬 것입니다.

車 부수 0획, 총 7획

軍 _ 군사 군
載 _ 실을 재
輝 _ 빛날 휘
輿 _ 수레 여

매울 신 / 죄 신

윗사람을 찌름은 큰 '죄'가 되므로, 그 죄의 대가(代:價)는 매우 '맵다'는 뜻입니다.

辛 부수 0획, 총 7획

辨 _ 분별할 변
辦 _ 힘쓸 판
辯 _ 말잘할 변
辭 _ 말 사

별 진 / 별 신 / 때 신

감싸져 있는 양기(陽氣)가 삼월에야 비로소 크게 발산되는 '때'라는 뜻입니다. 그 때를 알리는 '별'이 미리 나타난다는 뜻도 있습니다.

▶ 농사에 상서로운 절후를 알리는 별은, 정월 새벽에 나타나는 방성(房星)임.

辰 부수 0획, 총 7획

辱 _ 욕될 욕
農 _ 농사 농

_ 가까울 근
_ 맞을 영
_ 지을 술
_ 길 도

쉬엄쉬엄갈 착

가다말다 머뭇거리며 **'쉬엄쉬엄간다'**는 뜻입니다.

▶ 변형 부수자는 辶(책받침)임.

辵 辶 부수 0획, 총 7획

_ 화할 옹
_ 나라 방
_ 고을 군
_ 도읍 도

고을 **읍**

직책을 가지고 지키는 지역이 **'고을'**이라는 뜻입니다.

▶ 변형 부수자는 阝(우부방)임.
▶ 주의 卩(병부절)임.

邑 阝 부수 0획, 총 7획

_ 짝 배
_ 술 주
_ 술취할 취
_ 의원 의

닭 **유** / 술 **유**

항아리나 잔속에 **'술'**이 들어 있는 모양을 본뜬 것입니다.
십이지지(十二地支)중에서 10번째인 유(酉)에 해당하는
동물이 **'닭'**이라는 뜻도 있습니다.

▶ 십이지지(十二地支) : 60 갑자의 아래 단위를 이루는 요소. 子(자), 丑(축), 寅(인),
卯(묘), 辰(진), 巳(사), 午(오), 未(미), 申(신), 酉(유), 戌(술), 亥(해)를 말함.

酉 부수 0획, 총 7획

_ 캘 채
_ 잿물 유
_ 풀(해석할) 석
부처(중) 석

분별할 **변** / 짐승발톱 **변**

짐승 발자국에 남아 있는 발바닥과 발톱의 모양으로
어느 짐승인지 **'분별할'** 수 있음을 나타낸 것입니다.

采 부수 0획, 총 7획

_ 무거울 중
_ 들 야
_ 헤아릴 량
용량 량

마을 **리**

농사나 집을 짓고 살만한 땅이 있는 곳에
세워진 **'마을'**을 뜻합니다.

里 부수 0획, 총 7획

_ 가마 부
_ 바늘 침
_ 낚시 조
_ 뚫을 착

쇠 **금** / 돈 **금** / 성씨 **김**

흙 속에 덮여있는 금이나 **'쇠'**붙이린 뜻입니다.
그것은 **'돈'**으로의 가치가 있어 **'귀중하다'**는
뜻도 있습니다.

▶ 성씨로 쓰일 때는 '김'이라고 읽음.

金 부수 0획, 총 8획

_ 길 오

길(긴) **장** / 어른 **장** / 기를 **장**

수염과 머리카락이 **'긴'**노인(어른)의 모습을
본뜬 것입니다.

▶ 長 = 镸

長 부수 0획, 총 8획

문 문

두 문짝이 서로 마주하는 '**문**'의 모양을
본뜬 것입니다.

門 부수 0획, 총 8획

間 _ 사이 간
閉 _ 닫을 폐
開 _ 열 개
閏 _ 윤달 윤

언덕 **부**

돌은 없고 흙으로만 층층이 겹쳐진 높고
평평한 '**언덕**'이란 뜻입니다.

▶ 변형 부수자는 阝(좌부방변 또는 좌부변)임.
▶ 주의- 卩(병부절)

阜 阝부수 0획, 총 8획

防 _ 막을 방
附 _ 붙을 부
限 _ 한정 한
除 _ 덜(제거할) 제

미칠(이를) **이** / 미칠 **대**

손으로 꼬리를 잡고 뒤쫓아가 '**미친다**'는
뜻입니다.

隶 부수 0획, 총 8획

隸 _ 종 례
　　　글씨체이름 례

새 **추** / 꽁지짧은새 **추**

'**새**' 중에서 '**꽁지짧은새**'의 모양을 대체로
본뜬 것입니다.

隹 부수 0획, 총 8획

雀 _ 참새 작
雜 _ 섞일 잡
集 _ 모을 집
雙 _ 쌍 쌍

비 **우**

하늘에 떠 있는 구름 사이로부터 내려오는
물방울이 '**비**'라는 뜻입니다.

雨 부수 0획, 총 8획

雲 _ 구름 운
雷 _ 우레 뢰
電 _ 번개 전
靈 _ 신령 령

푸를 **청**

초목이 싹을 틔우기 전의 거죽은 붉으나 자라나면
'**푸르다**'는 뜻입니다.
푸름은 젊음과 봄을 나타냅니다.

靑 부수 0획, 총 8획

靖 _ 편안할 정
靜 _ 고요할 정
靚 _ 단장할 정

아닐 **비**

새의 두 날개가 서로 등진 모양을 했지만 나는데
위배되는 것은 '**아니다**'라는 뜻입니다.

非 부수 0획, 총 8획

靡 _ 쓰러질 미

靨 _ 보조개 엽	### 낯(얼굴) 면 / 행정구역 면 사람 머리의 앞쪽 윤곽인 **'얼굴'**의 모양을 본뜬 것입니다. 面 부수 0획, 총 9획
鞠 _ 기를 국 鞭 _ 채찍 편 鞦 _ 그네 추 韆 _ 그네 천	### 가죽 혁 짐승을 잡아 그 몸을 편편히 펴고 털을 매만져 없앤 날 **'가죽'**의 모양을 본뜬 것입니다. ▶ '털이 그대로 있는 가죽'은 皮(가죽 피)임. 革 부수 0획, 총 9획
韓 _ 한국 한 韜 _ 감출 도	### 다룸가죽 위 / 에울 위 잡은 짐승의 가죽 전체를 **'에워'**싸고 있는 털 등을 빈틈 없이 손질한 **'다룸가죽'**이란 뜻입니다. 韋 부수 0획, 총 9획
韰 _ 과감할 해	### 부추 구 한번 심어 잘 관리하면 오래 살아남아 나물을 공급해 주는 **'부추'**의 모양을 본뜬 것입니다. 韭 부수 0획, 총 9획
韶 _ 아름다울 소 韻 _ 운 운 響 _ 울릴 향	### 소리 음 마음으로부터 입을 통해 절도(마디)있게 표현되는 **'소리'**라는 뜻입니다. 音 부수 0획, 총 9획
頃 _ 잠깐 경 頂 _ 정수리 정 題 _ 제목 제	### 머리 혈 특히 강조된 사람의 일굴과 **'머리'**의 모양을 본뜬 것입니다. 頁 부수 0획, 총 9획
颱 _ 거센바람 태 颺 _ 날릴 양 飄 _ 나부낄 표	### 바람 풍 / 풍속 풍 날아다니는 벌레가 발산되는 공기의 힘에 휩쓸려서 이동하는 것은 **'바람'**때문이라는 뜻입니다. 風 부수 0획, 총 9획

飛 부수 0획, 총 9획

날 비

새가 목털을 떨치고 두 날개를 펼쳐서
공중을 '**날고**' 있는 모양을 본뜬 것입니다.

翻 _ 펄럭일 번
번역할 번

食 부수 0획, 총 9획

밥 식 / 먹일 사

여러 곡식의 알을 모아서 익히니 향기로운 냄새가 나며
곧 '**밥**'이 된다는 뜻입니다.

飢 _ 주릴 기
飮 _ 마실 음
養 _ 기를 양 / 봉양할 양

首 부수 0획, 총 9획

머리 수 / 처음 수

사람의 얼굴·눈썹·눈 등을 본뜨고 머리털까지
포함시켜 '**머리**'를 강조한 것입니다.

馘 _ 벨 괵

香 부수 0획, 총 9획

향기 향

기장은 오곡 가운데서 냄새와 맛이
가장 '**향기**'롭다는 뜻입니다.

馥 _ 향기 복
馨 _ 향기로울 형

馬 부수 0획, 총 10획

말 마

머리·갈기·꼬리·네 발 등이 극도로 건장하고
위엄이 있어 타거나 끄는 일에 쓰이는 동물인
'**말**'의 모양을 본뜬 것입니다.

駐 _ 머무를 주
驗 _ 시험할 험
騰 _ 오를 등
驚 _ 놀랄 경

骨 부수 0획, 총 10획

뼈 골

살이 감싸고 있는 딱딱한 몸속의 '**뼈**'모양을
본뜬 것입니다.

體 _ 몸 체
髓 _ 골수 수

高 부수 0획, 총 10획

높을 고

먼 곳의 경계를 '**높은**' 건물에 표시해 보게 한다는
뜻입니다.

髟 _ 터럭 발	**긴털드리울 표** '긴 털이 드리워진' 모양을 본뜬 것입니다.	 髟 부수 0획, 총 10획
髣 _ 비슷할 방		
髴 _ 비슷할 불		

鬪 _ 싸울 투	**싸울 투** 두 사람이 각각 하나의 물건을 쥐고 서로 마주하여 '**다툰다**'는 뜻입니다. ▶ 鬥(싸울 투) 門(문 문)	 鬥 부수 0획, 총 10획

鬱 _ 답답할 울	**울창주 창 / 기장술 창** 대개 검은 기장의 쌀알과 향이 나는 울금초를 그릇에 넣고 빚어 제사 때 국자로 떠 걸러서 쓰는 술이 '**울창주**'라는 뜻입니다.	 鬯 부수 0획, 총 10획

鬻 _ 죽 죽 　　　 팔(판매할) 육	**솥 력** 무늬 넣은 몸통에 뚜껑도 있고 삶을 수도 있는 세 발 달린 '**솥**'의 모양을 본뜬 것입니다.	 鬲 부수 0획, 총 10획

魁 _ 우두머리 괴	**귀신 귀** 사람의 형상으로 머리가 특별히 크고 나쁜 음기가 뭉친 것이 사람에게 붙어 사사로이 해를 끼치는 '**귀신**'을 나타낸 것입니다.	 鬼 부수 0획, 총 10획
魂 _ 넋 혼		
魏 _ 위나라 위		
魔 _ 마귀 마		

鮑 _ 절인고기 포	**물고기 어** 머리·몸체·비늘·꼬리를 갖추고 물에서 살며 아가미로 호흡하는 동물인 '**물고기**'의 모양을 본뜬 것입니다.	 魚 부수 0획, 총 11획
鮮 _ 고을 선 / 적을 선		
魯 _ 둔할 로		

鳴 _ 울 명	**새 조 / 꽁지긴새 조** 꽁지가 긴 '**새**'의 모양을 본뜬 것입니다. ▶ 꽁지 짧은 '새'는 隹(새 추)를 씀.	 鳥 부수 0획, 총 11획
鳳 _ 봉새 봉		
鴻 _ 큰기러기 홍		
鶴 _ 학 학		

鹵 부수 0획, 총 11획

짠땅(소금밭) 로

동쪽의 바닷가가 아닌 내륙에서 소금이 생산되는
곳인 **'짠땅'**의 지형을 본뜬 것입니다.

鹽 _ 소금 염
鹹 _ 짤 함

鹿 부수 0획, 총 11획

사슴 록

가지진 뿔·머리·몸·꼬리·네 다리를 본뜬 성질이
순한 **'사슴'**의 모양을 본뜬 것입니다.

麒 _ 기린 기
麟 _ 기린 린
麗 _ 고을 려
麓 _ 산기슭 록

麥 부수 0획, 총 11획

보리 맥

올해 늦가을에 씨를 뿌리고 내년 초여름에
거둬들이는 까끄라기가 달린 **'보리'**를 나타낸 것입니다.

麵 _ 국수 면
麴 _ 누룩 국

麻 부수 0획, 총 11획

삼 마

모시풀을 집에서 이미 길쌈한 것이 **'삼'**이라는
뜻입니다.

麾 _ 대장기 휘

黃 부수 0획, 총 12획

누를(누른색) 황

땅의 빛이 **'누르다(누렇다)'**는 뜻입니다.

黆 _ 씩씩할 광

黍 부수 0획, 총 12획

기장 서

물에 불리면 벼의 열매인 쌀보다 그 찰진 기운이
더 많은 **'기장'**을 나타낸 것입니다.

黎 _ 검을 려

黑 부수 0획, 총 12획

검을 흑

불을 때면 연기가 굴뚝을 통하여 나가는데
굴뚝 속이 그을려
그 빛깔이 **'검다'**는 뜻입니다.

黙 _ 말없을 묵
點 _ 점 점
黨 _ 무리 당

바느질할 치

黹 _ 보불 불
黼 _ 보불 보

바늘귀에 실을 꿰어 해어진 옷을 촘촘하게 **'바느질한다'**는 뜻입니다.

黹 부수 0획, 총 12획

맹꽁이 **맹** / 힘쓸 **민**

鼂 _ 아침 조
鰲 _ 자라 오
鼈 _ 자라 별

개구리로서 배가 크고 다리가 긴 **'맹꽁이'**의 모양을 본뜬 것입니다.

黽 부수 0획, 총 13획

솥 정

鼏 _ 솥뚜껑 멱

쪼갠 나무로 불을 지펴 다섯 가지 맛을 만들어 내는 세 발과 두 귀 달린 쇠붙이 그릇인 **'솥'**의 모양을 본뜬 것입니다.

鼎 부수 0획, 총 13획

북 고

鼟 _ 북소리 동

모양은 원통과 비슷하고 양 끝에 가죽을 씌워 나무로 테돌림을 하여 두드려 소리내는 악기가 **'북'**이라는 뜻입니다.

鼓 부수 0획, 총 13획

쥐 서

鼯 _ 날다람쥐 오
鼴 _ 두더지 언

배·발톱·꼬리 부분을 대략 나타내고 특히 이로 물건 쏠기를 좋아하는 **'쥐'**의 모양을 본뜬 것입니다.

鼠 부수 0획, 총 13획

코 비

鼽 _ 코막힐 구

스스로 호흡을 하기니 냄새를 맡도록 도와주는 기관인 **'코'**를 뜻합니다.

鼻 부수 0획, 총 14획

가지런할 제

齋 _ 재계할 재

일정하게 자란 벼나 보리는 팬 이삭의 모양새도 거의 **'가지런하다'**는 뜻입니다.

齊 부수 0획, 총 14획

齒 부수 0획, 총 15획

이 **치**

입이 벌어졌을 때 위아래의 입술 안에 고르게
나열된 뼈인 '**이**'의 모양을 본뜬 것입니다.

齡 _ 나이 령
齧 _ 씹을 설
齷 _ 억척스러울 악

龍 부수 0획, 총 16획

용 **룡**

무궁무진한 조화를 부리며 춘분(春分)이면
하늘에 오르고 추분(秋分)이면
연못에 잠기는 비늘이 달린 상상속의 영험한 동물인
'**용**'의 모습을 나타낸 것입니다.

龐 _ 클 방
龕 _ 감실 감

龜 부수 0획, 총 16획

거북 **귀** / 땅이름 **구** / 터질 **균**

배와 등에 껍질이 있어 몸체를 속에 간직하는
동물인 '**거북**'의 모양을 본뜬 것입니다.

龠 부수 0획, 총 17획

피리(대피리) **약**

여러 개의 대통을 모아 만들어 부는 악기인 '**대피리**'의
모양을 본뜬 것입니다.

참고자료

2
상식한자

한자의 약자(略字)와 속자(俗子)

한자를 간추려서 간략히 쓰는 것을 약자라고 하며, 이에 대비되는 말로 본래 글자는 정자(正字)라고 한다.

약자의 종류에는 간략하게 적으려고 만든 약자, 정자는 아니지만 똑같은 한자로 인식되어 쓰이는 속자(俗字), 정자의 옛글인 고자(古字), 똑같은 글자인 동자(同字) 그리고 잘못 쓰이고 있는 글자를 그대로 쓰는 와자(訛字/僞字)가 있다.

한자의 약자는 중국 한나라 시대부터 시작되었는데, 현재 중국이나 일본에서는 국가적으로 약자 작업을 시행해 중국은 간체자(簡體字)가 정착을 했고, 일본도 상용한자의 상당수를 약자로 사용하고 있다.

중국에서는 중국식의 약자인 간체자를 사용하는데 이에 대비하여 정자(正字)를 번체자(번거로운 글자)라고 부른다. 간체자는 약자, 속자, 와자 이외의 초서체에서 빌려오는 등 한자를 아주 간략하게 만든 글자이다. 나름의 간략하게 하는 규칙이 있다.

약자의 성립

1. 정자(正字)의 자형(字形)에서 특징적인 부분만을 취하거나 중요하지 않은 부분을 생략한 경우
2. 정자의 구성부분(주로 표음부분)을 쉽게 쓰기 위해 정자의 획을 생략하는 경우
3. 정자의 초서체로서 자형을 해서풍(楷書風)으로 고정시킨 것
4. 정자의 한 부분을 간단한 다른 의미를 지닌 자형으로 바꾸는 경우 – 바꾸는 부분은 주로 한자의 음부(音部)가 됨.
5. 이밖에 '禮-礼(예)', '萬-万(만)'과 같이 고자(古字)로서 오랫동안 정자처럼 취급되어 온 것도 있다.

우리의 한자교육은 정자(正字) 위주의 교육을 하고 있고 중국의 간체자 작업 이전의 자전에서 사용되던 약자와 일본에서 전래된 약간의 약자를 혼용해서 사용하고 있다.

약자(略字)의 구성 예시

① 정자(正字)의 자형(字形)에서 특징적인 부분만을 취하거나 중요하지 않은 부분을 생략한 경우.

〈예〉 다음과 같이 획이 확연하게 줄어 든다.

歷(력) → 厂 / 聲(성) → 声 / 獨(독) → 独 / 點(점) → 点

壓(압) → 圧 / 寶(보) → 宝 / 號(호) → 号 / 畫(화) → 画

② 정자의 구성부분(주로 표음부분)을 쉽게 쓰기 위해 정자의 획을 생략하는 경우.

〈예〉 획의 차이보다는 정자와 모양이 비슷하다.

德(덕) → 徳 / 儉(검) → 倹 / 黑(흑) → 黒 / 價(가) → 価

惡(악) → 悪 / 繼(계) → 継 / 數(수) → 数 / 樂(악) → 楽

정자의 초서체 형태를 해서체 형태로 변형해서 만드는 방법.

〈예〉

爲(위) → 為 / 學(학) → 学 / 兒(아) → 児 / 晝(주) → 昼

賣(매) → 売 / 賤(천) → 賎 / 壽(수) → 寿 / 與(여) → 与

정자의 한 부분을 간단한 다른 의미를 지닌 자형으로 바꾸는 경우 – 바꾸는 부분은 주로 한자의 음부(音部)가 됨.

〈예〉

轉(전) → 転 / 鐵(철) → 鉄 / 拂(불) → 払 / 戀(련) → 恋

驛(역) → 駅 / 藝(예) → 芸 / 會(회) → 会 / 亂(란) → 乱

고자(古字)가 오래도록 사용되어 온 경우

〈예〉

萬(만) → 万 / 禮(례) → 礼

字는 공문서나 상대의 성명과 같은 정중한 표기에는 사용하지 않는다.

구분	정자	약/속자	정자	약/속자	정자	약/속자	정자	약/속자	정자	약/속자
ㄱ	假(가)	仮	價(가)	価	鑑(감)	鑑	岡(강)	崗	強(강)	强
	거짓, 빌리다		값, 가치		거울, 본보기		산등성이, 언덕		강하다, 억지로	
	個(개)	箇	蓋(개)	盖	擧(거)	挙	據(거)	拠	檢(검)	検
	낱개, [단위]		덮다, 뚜껑		들다, 움직이다		의거하다		검사하다	
	劒(검)	剣	儉(검)	倹	傑(걸)	杰	輕(경)	軽	經(경)	経
	칼[= 劍]		검소하다		뛰어나다		가볍다		지니다, 경전	
	徑(경)	径	繼(계)	継	關(관)	関	觀(관)	観	廣(광)	広
	지름길		잇다, 계속하다		빗장, 기관		보다		넓다	
	鑛(광)	鉱	敎(교)	教	區(구)	区	舊(구)	旧	驅(구)	駆
	광물		가르치다		지경, 구역		옛		몰다	
	龜(귀, 구)	亀	國(국)	国	權(권)	権	勸(권)	勧	氣(기)	気
	거북/(균)터지다		나라		권세, 권력		돕다		기운	
ㄷ	單(단)	単	團(단)	団	擔(담)	担	斷(단)	断	當(당)	当
	홑		둥글다, 모이다		맡다		자르다		마땅하다	
	黨(당)	党	對(대)	対	圖(도)	図	讀(독)	読	獨(독)	独
	무리				그림		읽다		홀로	
	燈(등)	灯								
	등불									
ㄹ	亂(란)	乱	覽(람)	覧	來(래)	来	兩(량)	両	勵(려)	励
	어지럽다		보다		오다		둘, 짝		힘쓰다, 권장	
	歷(력)	歴	練(련)	練	戀(연)	恋	獵(렵)	猟	禮(례)	礼
	지나다, 역사		익히다		사모하다		사냥하다		예도	
	勞(로)	労	賴(뢰)	頼	龍(룡)	竜	樓(루)	楼		
	힘쓰다		의지하다		용		다락, 누각			
ㅁ	萬(만)	万	滿(만)	満	賣(매)	売	彌(미)	弥		
	일만		가득 차다		팔다		두루, 널리			
ㅂ	發(발)	発	裵(배)	裵	杯(배)	盃	柏(백)	栢	變(변)	変
	피다, 나가다		옷 늘어지다		잔		잣나무		변하다	
	幷(병)	并	竝(병)	並	佛(불)	仏				
	아우르다, 함께		나란히 하다		부처, 불가					

약자, 속자 일람표 (ㅅ~ㅈ)

구분	정자	약/속자	정자	약/속자	정자	약/속자	정자	약/속자	정자	약/속자
ㅅ	辭(사)	辞	寫(사)	写	狀(상)	状	敍(서)	叙	釋(석)	釈
	말, 글		베끼다		모양 /(장)문서		차례, 순서		놓다, 풀다	
	聲(성)	声	屬(속)	属	數(수)	数	壽(수)	寿	肅(숙)	粛
	소리		속하다, 족속		수, 헤아리다		목숨, 장수		엄숙하다	
	濕(습)	湿	乘(승)	乗	實(실)	実	雙(쌍)	双		
	축축하다,습기		타다, 오르다		열매, 실제		둘, 쌍둥이			
ㅇ	兒(아)	児	亞(아)	亜	樂(악)	楽	巖(암)	岩	壓(압)	圧
	아이		버금, 다음		음악/(락)즐겁다		바위, 험하다		누르다	
	藥(약)	薬	讓(양)	譲	嚴(엄)	厳	餘(여)	余	與(여)	与
	약		양보하다		엄하다		남다		주다, 더불다	
	譯(역)	訳	榮(영)	栄	營(영)	営	譽(예)	誉	藝(예)	芸
	번역하다		영화롭다		경영하다		칭찬하다		재주, 기술	
	爲(위)	為	應(응)	応	醫(의)	医	貳(이)	弍		
	하다, 되다		응하다		의원, 치료하다		둘			
ㅈ	姉(자)	姉	殘(잔)	残	潛(잠)	潜	雜(잡)	雑	將(장)	将
	누이		해치다, 남다		잠기다		잡되다		장수, 장차	
	莊(장)	荘	傳(전)	伝	轉(전)	転	錢(전)	銭	戰(전)	戦
	장원		전하다		구르다, 전환		돈		싸우다	
	點(점)	点	靜(정)	静	濟(제)	済	齊(제)	斉	條(조)	条
	점, 점찍다		고요하다		구제하다		가지런하다		조목	
	從(종)	従	鑄(주)	鋳	憎(증)	憎	增(증)	増	證(증)	証
	따르다		주조하다		미워하다		늘다, 더하다		증거, 증명하다	
	眞(진)	真	盡(진)	尽	晉(진)	晋				
	참, 진		다하다		나아가다					

약자, 속자 일람표 (ㅊ~ㅎ)

구분	정자	약/속자	정자	약/속자	정자	약/속자	정자	약/속자	정자	약/속자
ㅊ	贊(찬)	賛	讚(찬)	讃	參(참)	参	處(처)	処	賤(천)	賎
	돕다		기리다, 칭찬		참여하다		처하다, 곳		천하다	
	踐(천)	践	鐵(철)	鉄	廳(청)	庁	聽(청)	聴	體(체)	体
	밟다		쇠		대청, 관청		듣다		몸	
	遞(체)	逓	觸(촉)	触	總(총)	総	樞(추)	枢	蟲(충)	虫
	갈마들다		닿다, 부딪치다		거느리다, 모두		지도리, 중추		벌레	
	沖(충)	冲	醉(취)	酔	齒(치)	歯	稱(칭)	称		
	비다, 가운데		취하다		이, 나이		저울, 칭하다			
ㅌ	澤(택)	沢	擇(택)	択						
	연못, 윤택하다		가리다, 고르다							
ㅍ	廢(폐)	廃	豐(풍)	豊						
	폐하다		풍년들다							
ㅎ	學(학)	学	獻(헌)	献	驗(험)	験	險(험)	険	顯(현)	顕
	배우다		드리다, 바치다		경험하다		험하다		나타나다	
	縣(현)	県	螢(형)	蛍	黑(흑)	黒	號(호)	号	畫(화)	画
	매달다		반딧불이		검다		부르다, 번호		그림	
	擴(확)	拡	歡(환)	歓	勳(훈)	勲	會(회)	会	懷(회)	懐
	넓히다		기뻐하다		공적		모이다		품다, 회상하다	
	繪(회)	絵	戲(희)	戯						
	그림, 그리다		놀다, 놀이							

표기에 주의할 한자어

한글 표기	맞는 표기	틀린 표기	설명
가정부	家政婦	家庭婦	家庭: 사회집단, 家政: 집안 살림을 다스림
각기	各其	各己	각기 저마다 개별적인 개념
강의	講義	講議	뜻을 풀어서 가르친다는 의미
경품	景品	競品	상품 이외에 곁들여 주는 물건
골자	骨子	骨字	일이나 말의 요긴한 줄거리
교사	校舍	敎舍	학교의 건물 / [동음어] 敎師, 敎唆
기적	奇蹟	奇跡	사람이 불가능 한 신기한 일/ 跡은 발자취
납부금	納付金	納附金	세금 등을 관청에 내는 일 / 付는 주다
녹음기	錄音器	錄音機	예외적 적용 / 器는 무동력, 機는 동력
농기계	農機械	農器械	농사에 쓰여지는 동력 기계
농기구	農器具	農機具	농업에 사용되는 모든 기계나 도구의 총칭
대기발령	待機發令	待期發令	待機는 공무원의 대명(待命) 처분
망중한	忙中閑	忘中閑	바쁜 가운데 한가함 / 忘은 잊다
매매	賣買	買賣	관용적 순서/晝夜(주야), 風雨(풍우) 등
목사	牧師	牧士	인도하는 교역자의 의미
반경	半徑	半經	반지름. 徑은 지름길, 經은 날줄, 다스리다
변명	辨明	辯明	사리를 분별하여 똑바로 밝힘. 辯:말잘하다
변증법	辨證法	辯證法	개념을 분석하여 사리를 연구하는 법
보도	報道	報導	발생한 일을 알려서 말함. 導는 인도하다
부녀자	婦女子	婦女者	婦人과 女子
부록	附錄	付錄	덧붙이는 기록이나 책자
사법부	司法府	司法部	국가의 三權分立상의 하나
상여금	賞與金	償與金	노력에 대해 상금으로 주는 돈. 償은 보상

한글 표기	맞는 표기	틀린 표기	설명
서재	書齋	書齊	책을 보관하고 글 읽는 방. 齊는 가지런하다
서전	緖戰	序戰	발단이 되는 싸움
선회	旋回	旋廻	둘레를 빙빙 돎. 항공기의 방향을 바꿈
숙직	宿直	宿職	잠을 자면서 맡아 지키는 일. 直: 번을 돌다
십계명	十誡命	十戒命	기독교의 계율은 '誡'를 사용
세속오계	世俗五戒	世俗五誡	불교의 계율은 '戒'를 사용
어시장	魚市場	漁市場	어물을 파는 시장. 漁는 고기잡다
여부	與否	如否	그러하냐? 그렇지 않냐?
역전승	逆轉勝	逆戰勝	형세가 뒤바뀌어 이김
왜소	矮小	倭小	키가 낮고 작음. / 倭는 왜국(일본)
이사	移徙	移徒	집을 옮김. 徙(사)와 徒(도: 무리) 자형 유의
일률적	一律的	一率的	한결같이 / 率는 거느리다(솔), 비율(률)
일확천금	一攫千金	一穫千金	한 움큼에 천금을 얻음. 穫은 거두다
입찰	入札	立札	예정 가격을 써내어 경쟁하는 방법
재판	裁判	栽判	裁는 마름질하다. 栽는 심다
절기	節氣	節期	기후(氣候)를 나눈 개념[節侯(절후)]
정찰제	正札制	定札制	정당한 물건값을 적은 나무나 종이
중개인	仲介人	中介人	두 당사자 사이에서 일을 주선함
추세	趨勢	推勢	나아가는 형편. 趨는 달리다. 推는 옮기다
침투	浸透	侵透	젖어 들어감. 스며들어감. 侵은 침략하다
퇴폐	頹廢	退廢	무너져 쇠하여 결딴남. 退는 물러나다
할부	割賦	割附	분할하여 배당함. 附는 붙다
호칭	呼稱	號稱	불러서 일컬음. 號는 부르짖다
활발	活潑	活發	기운차게 움직이는 모양. 發은 나가다

同字異音 한자 1

한자	발음	뜻	예	한자	발음	뜻	예
車	거	수레	車馬費(거마비)	乾	건	하늘, 마르다	乾坤(건곤)
	차	수레, 성	車庫(차고)		간	마르다	乾木水生(간목수생)
見	견	보다	見聞(견문)	更	경	고치다, 시각	更張(경장)
	현	나타나다, 뵈다	謁見(알현)		갱	다시	更新(갱신)
龜	구	거북, 땅이름	龜尾(구미)	金	금	쇠, 금	金庫(금고)
	귀	거북, 본받다	龜鑑(귀감)		김	성, 땅이름	金浦(김포)
	균	터지다	龜裂(균열)	丹	단	붉다	一片丹心(일편단심)
茶	다	차	茶菓(다과)		란	꽃이름	牡丹(모란)
	차	차	茶禮(차례)	度	도	법도	程度(정도)
宅	댁	집	宅內(댁내)		탁	헤아리다	忖度(촌탁)
	택	집	住宅(주택)	洞	동	동네, 구멍	洞里(동리)
讀	독	읽다	讀書(독서)		통	꿰뚫다, 밝다	洞察(통찰)
	두	구절	吏讀(이두)	北	북	북녘	南北(남북)
復	복	회복하다	復歸(복귀)		배	패하다	敗北(패배)
	부	다시	復活(부활)	塞	새	변방	塞翁之馬(새옹지마)
殺	살	죽이다	殺害(살해)		색	막다	語塞(어색)
	쇄	빠르다, 감하다	殺到(쇄도)	說	설	말씀	學說(학설)
索	색	찾다	索引(색인)		열	기쁘다	說喜(열희)
	삭	사막하다	索莫(삭막)		세	달래다	遊說(유세)
省	성	살피다	省墓(성묘)	率	솔	거느리다, 앞장서다	引率(인솔)
	생	덜다	省略(생략)		율, 률	비율	效率(효율)
衰	쇠	쇠하다	衰退(쇠퇴)	帥	수	장수	元帥(원수)
	최	상복	衰服(최복)		솔	거느리다	帥先(솔선)
數	수	수, 셈하다	數學(수학)	宿	숙	자다	露宿(노숙)
	삭	자주	頻數(빈삭)		수	별	星宿(성수)
	촉	빽빽하다	數罟(촉고)	食	식	먹다	飮食(음식)
拾	습	줍다	拾得(습득)		사	밥	簞食(단사)
	십	열	貳拾(이십)	惡	악	악하다	善惡(선악)
識	식	알다	認識(인식)		오	미워하다	憎惡(증오)
	지	기록하다	標識(표지)				

同字異音 한자 2

한자	발음	뜻	예	한자	발음	뜻	예
於	어	어조사	於焉間(어언간)	咽	인	목구멍	咽喉(인후)
	오	감탄사	於乎(오호)		열	목메다	嗚咽(오열)
易	이	쉽다	難易度(난이도)	炙	자	굽다	膾炙(회자)
	역	바꾸다, 역경	貿易(무역)		적	굽다	炙鐵(적철)
刺	자	찌르다	刺客(자객)	著	저	짓다	著述(저술)
	척	찌르다	刺殺(척살)		착	붙다	附著(부착)
	라	수라	水刺(수라)	則	즉	곧	然則(연즉)
狀	장	문서	賞狀(상장)		칙	법칙	規則(규칙)
	상	모양	狀況(상황)	徵	징	부르다	徵兵(징병)
切	절	끊다, 간절하다	親切(친절)		치	음률	徵音(치음)
	체	모두	一切(일체)	拓	척	열다	開拓(개척)
辰	진	별, 용	甲辰(갑진)		탁	박다	拓本(탁본)
	신	나다	生辰(생신)	沈	침	잠기다	沈沒(침몰)
參	참	참여하다	參與(참여)		심	성	沈氏(심씨)
	삼	석	壹貳三(일이삼)	暴	포	사납다	自暴自棄(자포자기)
推	추	밀다	推戴(추대)		폭	드러내다	暴露(폭로)
	퇴	밀다	推敲(퇴고)	降	강	내리다	昇降(승강)
便	편	편리하다	便利(편리)		항	항복하다	降伏(항복)
	변	곧, 똥오줌	小便(소변)	畫	화	그림	畫家(화가)
皮	피	가죽	皮革(피혁)		획	긋다	企畫(기획)
	비	가죽	鹿皮(녹비)				
行	행	다니다	行人(행인)				
	항	항렬	行列(항렬)				
滑	활	미끄러지다	滑走路(활주로)				
	골	익살스럽다	滑稽(골계)				
樂	악	음악	音樂(음악)				
	락	즐럽다	娛樂(오락)				
	요	좋아하다	樂山樂水(요산요수)				
葉	엽	잎사귀	葉書(엽서)				
	섭	성	葉氏(섭씨)				

혼동하기 쉬운 한자 1 〈가〉발음 80개 한자

한자	발음	뜻	예	한자	발음	뜻	예
可	가	옳다, 가하다	可能(가능)	刻	각	새기다	彫刻(조각)
司	사	맡다	司法(사법)	劾	핵	캐묻다	彈劾(탄핵)
看	간	보다	看護(간호)	干	간	방패, 간섭하다	干涉(간섭)
着	착	붙다, 짓다	着工(착공)	于	우	어조사	于今(우금)
甲	갑	천간, 갑옷	甲骨(갑골)	綱	강	벼리	紀綱(기강)
申	신	펴다	申請(신청)	網	망	그물	漁網(어망)
客	객	손님	旅客(여객)	巨	거	크다	巨物(거물)
容	용	얼굴, 용모	容貌(용모)	臣	신	신하	忠臣(충신)
檢	검	검사하다	檢查(검사)	階	계	섬돌	階段(계단)
儉	검	검소하다	儉素(검소)	諧	해	다, 고르다	諧謔(해학)
劍	검	칼	劍術(검술)	偕	해	함께	偕老(해로)
驗	험	경험하다	經驗(경험)	楷	해	해서, 본받다	楷書(해서)
險	험	험하다	險惡(험악)	頃	경	이랑, 잠깐	頃刻(경각)
決	결	결정하다	決意(결의)	項	항	목, 항목	項目(항목)
訣	결	이별하다	訣別(결별)	傾	경	기울다	傾國(경국)
快	쾌	유쾌하다	快活(쾌활)	苦	고	쓰다, 고통	苦痛(고통)
枯	고	마르다	枯木(고목)	若	약	만약, 같다	若干(약간)
姑	고	시어머니, 우선	姑息(고식)	瓜	과	오이, 나이	瓜年(과년)
孤	고	외롭다, 고아	孤獨(고독)	爪	조	손톱	爪痕(조흔)
狐	호	여우	狐狸(호리)	戈	과	창, 전쟁	干戈(간과)
功	공	공적	功過(공과)	戎	융	오랑캐, 무기	西戎(서융)
攻	공	치다	攻擊(공격)	戒	계	경계하다	戒律(계율)
切	절	자르다	切開(절개)	郊	교	성밖, 들	郊外(교외)
				效	효	본받다	效能(효능)

한자	발음	뜻	예	한자	발음	뜻	예
官	관	관리	官職(관직)	具	구	갖추다	具備(구비)
宮	궁	궁궐	宮闕(궁궐)	貝	패	조개	貝塚(패총)
壞	괴	무너지다	崩壞(붕괴)	勸	권	권하다	勸學(권학)
壤	양	고운 흙	土壤(토양)	歡	환	기뻐하다	歡迎(환영)
懷	회	품다, 회상	懷疑(회의)	斤	근	도끼, 근	斤量(근량)
九	구	아홉	九死(구사)	斥	척	물리치다	排斥(배척)
丸	환	구슬, 알	丸藥(환약)	起	기	일어나다	起床(기상)
郡	군	마을, 고을	郡縣(군현)	赴	부	나아가다	赴任(부임)
群	군	무리	群衆(군중)	記	기	기록하다	記錄(기록)
券	권	문서	債券(채권)	紀	기	벼리, 해	紀綱(기강)
卷	권	책	卷數(권수)				
兢	긍	삼가다	兢兢(긍긍)				
競	경	다투다	競爭(경쟁)				
器	기	그릇	樂器(악기)				
哭	곡	울다	痛哭(통곡))				
己	기	몸, 자기	克己(극기)				
已	이	이미, 그치다	已往(이왕)				
巳	사	뱀	巳時(사시)				
句	구	구절	句節(구절)				
旬	순	열흘	上旬(상순)				
筍	순	죽순	竹筍(죽순)				
拘	구	잡다, 가두다	拘束(구속)				
狗	구	개	白狗(백구)				

혼동하기 쉬운 한자 2 〈나/다/라〉발음 74개 한자

한자	발음	뜻	예	한자	발음	뜻	예
怒	노	성내다	憤怒(분노)	納	납	받아들이다	納得(납득)
恕	서	용서하다	容恕(용서)	訥	눌	말 더듬다	訥辯(눌변)
娘	낭	아가씨	娘子(낭자)	能	능	능하다	能率(능률)
浪	랑	물결, 함부로	浪費(낭비)	罷	파	파하다	罷業(파업)
郞	랑	사내	新郞(신랑)	熊	웅	곰	熊膽(웅담)
朗	랑	밝다	朗讀(낭독)	態	태	모양, 태도	態度(태도)
旦	단	아침	元旦(원단)	端	단	바르다,실마리	端緖(단서)
且	차	또, 장차	將且(장차)	瑞	서	상서롭다	祥瑞(상서)
擔	담	메다, 맡다	擔任(담임)	當	당	마땅하다	當爲(당위)
膽	담	쓸개	膽力(담력)	堂	당	집, 당당하다	殿堂(전당)
代	대	대신하다, 시대	現代(현대)	待	대	기다리다, 대접	待期(대기)
伐	벌	정벌하다	征伐(정벌)	侍	시	모시다	內侍(내시)
大	대	크다	大國(대국)	徒	도	무리, 헛되다	信徒(신도)
太	태	크다, 콩	太平(태평)	從	종	좇다, 따르다	服從(복종)
犬	견	개	犬馬(견마)	徙	사	옮기다	移徙(이사)
丈	장	어른	大丈夫(대장부)	後	후	뒤	前後(전후)
桃	도	복숭아나무	桃花(도화)	刀	도	칼	短刀(단도)
挑	도	돋우다	挑發(도발)	刃	인	칼날	兵刃(병인)
讀	독	읽다	讀書(독서)	騰	등	오르다	騰落(등락)
瀆	독	더럽히다,도랑	瀆職(독직)	謄	등	베끼다	謄本(등본)
絡	락	잇다	連絡(연락)	戀	련	사모하다	戀愛(연애)
給	급	공급하다	給付(급부)	蠻	만	오랑캐	蠻勇(만용)
斂	렴	거두다	收斂(수렴)	盧	로	밥그릇, 검다	盧弓(노궁)
劍	검	칼 [= 劍]	劍術(검술)	慮	려	생각하다	思慮(사려)

한자	발음	뜻	예	한자	발음	뜻	예
老	로	늙다,익숙하다	老練(노련)	綠	록	푸르다	綠陰(녹음)
考	고	상고하다	考證(고증)	緣	연	인연	因緣(인연)
孝	효	효도	忠孝(충효)	錄	록	기록하다	實錄(실록)
瓏	롱	옥소리	玲瓏(영롱)	僚	료	동료, 관리	官僚(관료)
朧	롱	흐릿하다	朦朧(몽롱)	瞭	료	밝다	明瞭(명료)
壘	루	진, 보루	堡壘(보루)	樓	루	다락, 누각	樓閣(누각)
疊	첩	겹치다	疊語(첩어)	褸	루	누더기, 남루	襤褸(남루)
陸	륙	뭍	陸地(육지)	栗	률	밤, 밤나무	棗栗(조율)
睦	목	화목하다	親睦(친목)	粟	속	조, 곡식	米粟(미속)
欄	란	난간, 테두리	空欄(공란)	料	료	재료,헤아리다	料理(요리)
爛	란	빛나다	能爛(능란)	科	과	조목, 과정	科目(과목)
歷	력	지나다	歷史(역사)	輪	륜	바퀴	輪禍(윤화)
曆	력	책력	日曆(일력)	輸	수	보내다	輸送(수송)

혼동하기 쉬운 한자 3 〈마〉발음 68개 한자

한자	발음	뜻	예	한자	발음	뜻	예
魔	마	마귀, 마술	魔術(마술)	漫	만	흩어지다	散漫(산만)
麾	휘	대장기, 지휘	指麾(지휘)	慢	만	게으르다, 방종	傲慢(오만)
末	말	끝, 말단	本末(본말)	埋	매	묻다	埋葬(매장)
未	미	아니다	未來(미래)	理	리	이치, 다스리다	理論(이론)
罵	매	꾸짖다	罵倒(매도)	買	매	사다	購買(구매)
篤	독	도탑다	敦篤(돈독)	賣	매	팔다	競賣(경매)
脈	맥	맥, 줄기	脈絡(맥락)	眠	면	잠자다	睡眠(수면)
派	파	갈래, 보내다	派閥(파벌)	眼	안	눈	眼鏡(안경)
免	면	면하다	免疫(면역)	皿	명	그릇	器皿(기명)
免	토	토끼	免脣(토순)	血	혈	피	獻血(헌혈)
令	령	명령하다	命令(명령)	牧	목	기르다	牧童(목동)
今	금	이제	今方(금방)	收	수	거두다	收穫(수확)
明	명	밝다	明瞭(명료)	名	명	이름	姓名(성명)
朋	붕	벗, 떼	朋友(붕우)	各	각	각각	各色(각색)
鳴	명	울다	共鳴(공명)	侮	모	업신여기다	侮辱(모욕)
嗚	오	탄식하다	嗚呼(오호)	悔	회	뉘우치다	後悔(후회)
母	모	어미	母親(모친)	矛	모	창	矛盾(모순)
毋	무	말다	毋論(무론)	予	여	나	予與女
冒	모	무릅쓰다	冒險(모험)	苗	묘	싹	苗木(묘목)
胃	위	밥통	胃腸(위장)	笛	적	피리	警笛(경적)
卯	묘	토끼, 네째지지	乙卯(을묘)	杳	묘	어둡다	杳然(묘연)
卵	란	알	鷄卵(계란)	杏	행	은행, 살구	銀杏(은행)

한자	발음	뜻	예	한자	발음	뜻	예
墓	묘	무덤, 묘지	墓碑(묘비)	戊	무	다섯째 천간	戊寅(무인)
幕	막	장막, 군막	帳幕(장막)	戌	술	아홉째 지지	甲戌(갑술)
暮	모	저물다	歲暮(세모)	戍	수	지키다	衛戍(위수)
慕	모	사모하다	戀慕(연모)	成	성	이루다	完成(완성)
募	모	모으다	募集(모집)	咸	함	다	咸集(함집)
武	무	호반, 군세다	文武(문무)	墨	묵	먹	墨畫(묵화)
式	식	법, 의식	格式(격식)	黑	흑	검다	漆黑(칠흑)
問	문	묻다	問答(문답)	微	미	작다, 천하다	微細(미세)
間	간	사이	近間(근간)	徵	징	부르다, 조짐	徵兵(징병)
聞	문	듣다	新聞(신문)	懲	징	징계하다	懲惡(징악)
味	미	맛, 뜻	意味(의미)	蜜	밀	꿀	蜜月(밀월)
昧	매	어둡다, 새벽	蒙昧(몽매)	密	밀	빽빽하다	密林(밀림)

혼동하기 쉬운 한자 4 〈바〉발음 56개 한자

한자	발음	뜻	예	한자	발음	뜻	예
薄	박	엷다	薄氷(박빙)	拍	박	손벽치다	拍手(박수)
簿	부	장부	帳簿(장부)	柏	백	측백나무	冬柏(동백)
迫	박	핍박하다	迫害(박해)	反	반	돌이키다	反對(반대)
追	추	쫓다	追擊(추격)	友	우	벗, 사귀다	朋友(붕우)
飯	반	밥	飯床(반상)	倣	방	본뜨다	模倣(모방)
飮	음	마시다	飮料(음료)	做	주	짓다	看做(간주)
白	백	희다	白髮(백발)	番	번	차례	番號(번호)
自	자	스스로	自然(자연)	審	심	살피다	審査(심사)
罰	벌	벌, 벌주다	罰則(벌칙)	壁	벽	벽	土壁(토벽)
罪	죄	죄	罪囚(죄수)	璧	벽	둥근 옥	完璧(완벽)
辨	변	분별하다	辨別(변별)	變	변	변하다	變化(변화)
辦	판	힘쓰다	辦公(판공)	燮	섭	불꽃, 화하다	燮理(섭리)
普	보	넓다	普遍(보편)	復	복	회복하다	回復(회복)
晋	진	나아가다, 나라	晋州(진주)	複	복	겹 옷	複雜(복잡)
僕	복	종	公僕(공복)	夫	부	지아비	夫婦(부부)
撲	박	두드리다	撲滅(박멸)	天	천	하늘	天地(천지)
背	배	등, 배반하다	違背(위배)	婦	부	며느리, 아내	姑婦(고부)
肯	긍	즐기다	肯定(긍정)	掃	소	쓸다	淸掃(청소)
傅	부	스승	師傅(사부)	北	북	북녘	南北(남북)
傳	전	전하다	傳統(전통)	比	비	견주다	比較(비교)
分	분	나누다	分斷(분단)	奮	분	떨치다	興奮(흥분)
兮	혜	어조사	力拔山兮	奪	탈	빼앗다	掠奪(약탈)
紛	분	어지럽다	紛爭(분쟁)	墳	분	봉분	墳墓(분묘)
粉	분	가루	粉末(분말)	憤	분	분하다	憤怒(분노)

한자	발음	뜻	예	한자	발음	뜻	예
佛	불	부처	佛敎(불교)	碑	비	비석	碑文(비문)
拂	불	떨치다	支拂(지불)	婢	비	계집종	奴婢(노비)
貧	빈	가난하다	貧富(빈부)	氷	빙	얼음	解氷(해빙)
貪	탐	탐내다	貪慾(탐욕)	永	영	길다, 영원	永遠(영원)

혼동하기 쉬운 한자 5 〈사〉발음 64개 한자

한자	발음	뜻	예	한자	발음	뜻	예
思	사	생각	思慮(사려)	師	사	스승	師傅(사부)
恩	은	은혜	恩惠(은혜)	帥	수	장수	將帥(장수)
仕	사	벼슬하다	奉仕(봉사)	査	사	조사하다	考査(고사)
任	임	맡기다	任務(임무)	香	향	향기	香氣(향기)
史	사	사관, 역사	史觀(사관)	象	상	코끼리	象形(상형)
吏	리	아전, 관리	淸白吏(청백리)	衆	중	무리	民衆(민중)
瑞	서	상서롭다	祥瑞(상서)	書	서	책, 쓰다	書籍(서적)
端	단	단정하다, 끝	末端(말단)	晝	주	낮	晝夜(주야)
署	서	관청	署長(서장)	析	석	쪼개다	解析(해석)
暑	서	덥다	避暑(피서)	折	절	꺾다	折花(절화)
船	선	배	木船(목선)	旋	선	돌다	旋律(선율)
般	반	돌리다, 일반	一般(일반)	施	시	베풀다	施設(시설)
惜	석	아끼다	惜別(석별)	宣	선	베풀다	宣布(선포)
借	차	빌리다	借用(차용)	宜	의	마땅하다	宜當(의당)
雪	설	눈	雪景(설경)	涉	섭	건너다	交涉(교섭)
雲	운	구름	雲集(운집)	陟	척	오르다, 나아가다	進陟(진척)
稅	세	구실, 세금	租稅(조세)	俗	속	속되다	世俗(세속)
祝	축	빌다, 축하	祝賀(축하)	裕	유	넉넉하다	裕福(유복)
粟	속	조, 곡식	滄海一粟	損	손	덜다	損益(손익)
栗	률	밤	生栗(생률)	捐	연	버리다	捐金(연금)
衰	쇠	쇠하다	盛衰(성쇠)	手	수	손	手足(수족)
哀	애	슬프다	哀乞(애걸)	毛	모	털	毛髮(모발)
遂	수	이루다	完遂(완수)	囚	수	죄수, 가두다	罪囚(죄수)
逐	축	쫓다	角逐(각축)	因	인	인하다, 인연	因緣(인연)

한자	발음	뜻	예	한자	발음	뜻	예
順	순	순하다	順風(순풍)	純	순	순수하다	純潔(순결)
須	수	모름지기	必須(필수)	鈍	둔	둔하다	銳鈍(예둔)
矢	시	화살	弓矢(궁시)	植	식	심다	植木(식목)
失	실	잃다	失言(실언)	殖	식	번식하다	生殖(생식)
試	시	시험하다	試驗(시험)	深	심	깊다	深海(심해)
誠	성	정성, 진실로	誠實(성실)	探	탐	찾다	探究(탐구)
心	심	마음	心性(심성)	氏	씨	성씨	姓氏(성씨)
必	필	반드시	必要(필요)	民	민	백성	國民(국민)

혼동하기 쉬운 한자 6 〈아〉발음 60개 한자

한자	발음	뜻	예	한자	발음	뜻	예
衙	아	마을, 관청	官衙(관아)	哀	애	슬프다	喜怒哀樂(희로애락)
衛	위	지키다, 막다	護衛(호위)	衷	충	속마음, 정성	衷心(충심)
衝	충	부딪치다	衝突(충돌)	衰	쇠	쇠하다	衰退(쇠퇴)
與	여	더불다, 주다	參與(참여)	亦	역	또	亦是(역시)
興	흥	흥하다	興起(흥기)	赤	적	붉다	赤色(적색)
冶	야	불리다	冶金術(야금술)	午	오	낮	正午(정오)
治	치	다스리다	政治(정치)	牛	우	소	牛乳(우유)
仰	앙	우러르다	推仰(추앙)	億	억	억	億臺(억대)
抑	억	누르다	抑制(억제)	憶	억	기억하다	記憶(기억)
熱	열	열, 세차다	熱帶(열대)	葉	엽	잎	枝葉(지엽)
熟	숙	익다	早熟(조숙)	棄	기	버리다	廢棄(폐기)
曰	왈	말하다	曰字(왈자)	右	우	오른쪽	左右(좌우)
日	일	해, 날	日記(일기)	石	석	돌	金石(금석)
楊	양	버드나무	垂楊(수양)	延	연	끌다, 이끌다	延長(연장)
揚	양	드날리다	揭揚(게양)	廷	정	조정	朝廷(조정)
場	장	마당, 터	市場(시장)	庭	정	정원, 뜰	庭園(정원)
汚	오	더럽다	汚物(오물)	玉	옥	구슬. 옥	玉童子(옥동자)
汗	한	땀	汗蒸(한증)	王	왕	임금	帝王(제왕)
朽	후	썩다	不朽(불후)	壬	임	아홉째천간	壬午年(임오년)
雨	우	비	降雨(강우)	圓	원	둥글다	圓滿(원만)
兩	량	둘, 냥	兩班(양반)	圖	도	그림	圖畫(도화)
酉	유	열째지지, 닭	乙酉年(을유년)	育	육	기르다	敎育(교육)
西	서	서녘	東西(동서)	盲	맹	소경	文盲(문맹)

한자	발음	뜻	예	한자	발음	뜻	예
搖	요	흔들다	搖籃(요람)	人	인	사람	人乃天(인내천
遙	요	멀다	遙遠(요원)	入	입	들어가다	入場(입장)
謠	요	노래	歌謠(가요)	八	팔	여덟	八等身(팔등신
烏	오	까마귀	烏鵲橋(오작교)	宇	우	집	宇宙(우주)
鳥	조	새	鳥類(조류)	字	자	글자	文字(문자)
由	유	말미암다	自由(자유)	惟	유	오직, 생각하다	思惟(사유)
田	전	밭	田畓(전답)	推	추	밀다	推進(추진)

혼동하기 쉬운 한자 7 〈자〉발음 40개 한자

한자	발음	뜻	예	한자	발음	뜻	예
自	자	스스로	自然(자연)	材	재	재목, 인재	材料(재료)
目	목	눈	注目(주목)	村	촌	마을, 시골	村落(촌락)
枝	지	가지	枝葉(지엽)	情	정	정, 뜻	感情(감정)
技	기	재주	技術(기술)	淸	청	맑다	淸淨水(청정수)
早	조	새벽, 일찍	早朝(조조)	燥	조	마르다	乾燥(건조)
旱	한	가물다	旱害(한해)	操	조	잡다, 부리다	操縱(조종)
栽	재	심다, 가꾸다	栽培(재배)	柱	주	기둥	四柱(사주)
裁	재	마름질하다	裁斷(재단)	桂	계	계수나무	月桂樹(월계수)
族	족	겨레	民族(민족)	直	직	곧다, 곧장	直線(직선)
旅	려	나그네	旅路(여로)	眞	진	참	眞善美(진선미)
績	적	길쌈, 공적	業績(업적)	帝	제	임금, 황제	皇帝(황제)
續	속	잇다	繼續(계속)	常	상	항상	恒常(항상)
積	적	쌓다	積載(적재)	提	제	끌다	前提(전제)
蹟	적	자취	古蹟(고적)	堤	제	제방	堤防(제방)
仲	중	버금,중개하다	伯仲叔季(백중숙계)	祖	조	조상	先祖(선조)
伸	신	펴다	伸張(신장)	租	조	세금	租稅(조세)
低	저	낮다	高低(고저)	存	존	있다	生存(생존)
抵	저	막다	抵抗(저항)	在	재	있다	在學(재학)
執	집	잡다	執着(집착)	陳	진	베풀다	陳述(진술)
孰	숙	누구	誰孰(수숙)	陣	진	진치다	陣營(진영)

혼동하기 쉬운 한자 8 〈차/타/파〉발음 38개 한자

한자	발음	뜻	예	한자	발음	뜻	예
淸	청	맑다	淸潔(청결)	側	측	곁, 기울다	側面(측면)
請	청	청하다	要請(요청)	測	측	헤아리다, 재다	測量(측량)
晴	청	개다	快晴(쾌청)	惻	측	슬퍼하다	惻隱(측은)
墜	추	떨어지다	墜落(추락)	責	책	꾸짖다	責望(책망)
墮	타	떨어지다	墮落(타락)	靑	청	푸르다	靑絲(청사)
側	측	곁, 기울다	側面(측면)	侵	침	범하다	侵攻(침공)
測	측	헤아리다, 재다	測量(측량)	浸	침	적시다, 잠기다	沈水(침수)
澤	택	연못, 윤택하다	潤澤(윤택)	波	파	물결, 파도	波及(파급)
擇	택	가리다	選擇(선택)	派	파	갈래	派生(파생)
閉	폐	닫다	開閉(개폐)	標	표	표지	標識(표지)
閑	한	한가하다	忙中閑(망중한)	漂	표	뜨다, 빨래하다	漂白(표백)
板	판	널빤지	松板(송판)	弊	폐	폐해	弊端(폐단)
版	판	판자, 책	版畫(판화)	幣	폐	비단, 돈	幣帛(폐백)
浦	포	물가, 항구	浦口(포구)	抱	포	안다	抱負(포부)
捕	포	잡다	捕獲(포획)	胞	포	세포, 동포	同胞(동포)
幅	폭	폭	步幅(보폭)	便	편,변	편리하다	便利(편리)
福	복	떨어지다	幸福(행복)	使	사	시키다, 하여금	使役(사역)
閉	폐	닫다	開閉(개폐)	標	표	표지	標識(표지)
閑	한	한가하다	忙中閑(망중한)	漂	표	뜨다, 빨래하다	漂白(표백)

혼동하기 쉬운 한자 9 〈하〉발음 21개 한자

한자	발음	뜻	예	한자	발음	뜻	예
賀	하	하례하다	祝賀(축하)	恨	한	한하다	怨恨(원한)
貿	무	바꾸다, 무역	貿易(무역)	限	한	한계, 한정	限界(한계)
鄕	향	시골, 마을	鄕愁(향수)	活	활	살다,생활하다	生活(생활)
卿	경	벼슬	公卿(공경)	浩	호	크다, 넓다	浩然之氣 (호연지기)
形	형	모양, 형세	形勢(형세)	亨	형	형통하다	亨通(형통)
刑	형	형벌	刑罰(형벌)	享	향	누리다	享樂(향락)
豪	호	호걸,호협하다	豪傑(호걸)	侯	후	제후	諸侯(제후)
毫	호	가는 털	秋毫(추호)	候	후	기후, 묻다	氣候(기후)
護	호	보호하다	保護(보호)	會	회	모이다, 기회	機會(기회)
獲	획	얻다, 잡다	捕獲(포획)	曾	증	일찍이	未曾有(미증유)
穫	확	거두다, 수확	收穫(수확)				

절기이야기

24절기

우리나라에서 사용하던 달력의 유래를 살펴보면 삼국시대(三國時代)에 백제(百濟)가 중국에서 들여온 송(宋)나라의 원가력(元嘉曆)을 사용했던 기록이 있다. 그 후 조선조(朝鮮朝)에 들어와 세종대(世宗代)에 일종의 태음력인 칠정산 내편(七政算內篇)과 외편(外篇)의 역법을 만들었는데, 칠정(七政)이란 역목(曆目), 태양(太陽), 태음(太陰), 중성(中星), 교식(交食), 오성(五星), 사여성(四餘星)의 7개 천문을 일컫는 것이다.

실제의 달력을 사용한 것은 조선조 효종(孝宗) 4년(1653년)에 청(淸)나라에서 수입된 서양천문학에 영향 받은 시헌력(時憲曆)을 채용한 때부터이고 현재 공식적으로 사용되는 태양력(太陽曆:양력)은 고종(高宗) 32년(1895년)이 시초다.

음력은 달의 운동에 근거하여 만들어졌기 때문에 달의 변화는 잘 나타내 주지만 태양의 움직임은 잘 나타내 주지 않았는데 계절의 변화는 태양의 운동에 의하여 결정되므로 음력 날짜와 계절의 변화는 잘 일치하지 않았다. 이런 문제점을 보완하기 위하여 음력에서는 계절의 변화, 즉 입춘, 우수, 경칩 같이 태양의 운동을 표시하여 주는 24절기를 도입하여 같이 사용했는데, 이것을 일컬어 태음태양력(太陰太陽曆)이라 한다. 우리가 흔히 음력이라 말하는 것은 원래 '太陰太陽曆'의 준말로서, 여기서 '陰'은 '달'을 뜻하고 '陽'은 태양을 뜻한다. 즉 달(태음)과 해(태양)의 운동을 모두 고려하여 주는 역법이란 뜻이다.

이러한 절기는 대략 15일 간격으로 변하고 그것에 따라 농사의 처음과 끝이 정해지기 때문에, 실제 농경사회의 농민들은 큰 비중을 둘 수밖에 없었다. 절기는 고대 농경 사회부터 시작하여 진·한시대에 일반에게 정착되어 오늘에 이르며 춘분 하지 추분 동지를 4대 절기라고 부르며 24절기는 각 계절마다 4개씩 자리 잡고 있으며 각각의 절기는 앞뒤 절기와 유기적인 연관성을 가지고 1년을 이룬다.

봄의 절기

입춘(立春)　봄이 됨 (2월 4, 5일경)

우수(雨水)　얼음이 녹아 새싹이 돋음 (2월 18, 19일경)

경칩(驚蟄)　모든 생물이 활기를 되찾음 (3월 5, 6일경)

춘분(春分)　낮과 밤의 길이가 같음 (3월 20, 21일경)

청명(淸明)　따뜻한 봄날을 의미함 (4월 4, 5일경)

곡우(穀雨)　봄비가 와서 곡식이 자라게 함 (4월 20, 21일경)

여름의 절기

입하(立夏)　여름철에 들어섬 (5월 5, 6일경)

소만(小滿)　여름기운이 조금씩 감돎 (5월 21, 22일경)

망종(芒種)　곡식이 익어감 (6월 5, 6일경)

하지(夏至)　낮이 가장 긴 날 (6월 21, 22일경)

소서(小暑)　더위가 본격적으로 시작됨 (7월 7, 8일경)

대서(大暑)　제일 더운 여름 (7월 22, 23일경)

가을의 절기

입추(立秋)　가을에 들어섬 (8월 7, 8일경)

처서(處暑)　아침, 저녁으로 쌀쌀해짐 (8월 23, 24일경)

백로(白露)　가을 기운이 완연함 (9월 7, 8일경)

추분(秋分)　낮과 밤의 길이가 같음 (9월 23, 24일경)

한로(寒露)　공기가 차가워짐 (10월 8, 9일경)

상강(霜降)　서리가 내림 (10월 23, 24일경)

겨울의 절기

입동(立冬)　겨울에 들어섬 (11월 7, 8일경)

소설(小雪)　겨울 느낌이 듦 (11월 22, 23일경)

대설(大雪)　본격적인 추위가 옴 (12월 7, 8일경)

동지(冬至)　낮이 가장 짧고 밤이 가장 김 (12월 21, 22일경)

소한(小寒)　강추위가 시작됨 (1월 5, 6일경)

대한(大寒)　제일 추운 겨울 (1월 20, 21일경)

간지 이야기

干支(간지)는 우리 선조들의 삶 속에서 다양한 분야에 활용되고 적용되었고 현대인의 생활에서도 무시할 수 없는 부분이다. 우리는 간지를 풍수지리, 인간의 길흉화복(吉凶禍福) 등 다양한 형태로 활용을 하고 있고 사주(四柱)와 팔자(八字)를 매우 중요시 여기고 있다.

사주는 인간의 운명을 지탱하는 네 가지 기둥을 뜻하는데, 태어난 연(年), 월(月), 일(日), 시(時)를 가리킨다. 팔자(八字)는 여덟 글자인데, 연월일시를 간지로 표현한 것이다.

갑을병정무기경신임계(甲乙丙丁戊己庚辛壬癸)를 십간(十干)이라고 하고 자축인묘진사오미신유술해(子丑寅卯辰巳午未申戊亥)를 12지지라 한다. 갑(甲)은 십간의 으뜸이고 자(子)는 12지지의 첫 번째이다. 십간은 하늘에 자리한다고 하여 천간이라 하고, 십이 지지는 땅에 자리한다고 하여 지지라고 한다. 이들 10개의 천간과 12개의 지지를 상하로 짝을 맞추어 조성된 것이 갑자(甲子)에서 계해(癸亥)에 이르기까지 60조 간지가 된다.

干支	1	2	3	4	5	6	7	8	9	10	11	12
天干(10)	甲 (갑)	乙 (을)	丙 (병)	丁 (정)	戊 (무)	己 (기)	庚 (경)	辛 (신)	壬 (임)	癸 (계)		
地支(12)	子 (자)	丑 (축)	寅 (인)	卯 (묘)	辰 (진)	巳 (사)	午 (오)	未 (미)	申 (신)	酉 (유)	戊 (술)	亥 (해)
	쥐	소	범	토끼	용	뱀	말	양	원숭이	닭	개	돼지

十干의 10개라는 숫자의 의미는 열흘인 1순(旬)의 의미에서 온 것이며, 이는 달의 변화를 기준으로 한 달이 29일내지 30일 이기에 10일씩으로 나누어 3순(旬)으로 정했던 것이다. 현재까지 상순, 중순, 하순으로 표현되는 것과 같다.

十二支의 12라는 숫자는 1년이 12달인 것에서 온 것이다. 십간(十干)이 날짜를 표시하는 부호로 사용되었다면, 십이지(十二支)는 12개의 달을 의미하는 부호로 사용되었다고 볼 수 있다. 십이지의 명칭은 처음 십이진(十二辰), 십이지(十二枝) 등으로 쓰이다가 현재의 십이지(十二支)로 변화되었다.
또한 십이지에는 동물을 결합시켜 십이지수(十二支獸)로 표현하는데, 여기에 12개라는 의미에서 시각(時刻)과 방위(方位)까지 결합시켜 우리의 일상에 오랜 세월 동안 사용되고 있다.

십간(十干)의 날짜 부호와 십이지(十二支)의 달 부호의 사용 이후 햇수의 표시 방법을 개발해 낸 것이 바로 십간과 십이지의 배합이다. 곧 우리가 흔히 알고 있는 육십갑자(六十甲子)인 것이다. 또한 날짜 표시에서도 10일까지의 표시가 반복되는 것을 보완해 햇수 표시처럼 십간과 십이지를 배합하게 되었고, 달수의 표시도 이와 같이 해서 해마다 배당되는 갑자(甲子)를 세차(歲次)로, 달의 배당을 월건(月建)으로, 날의 배당을 일진(日辰)으로 명명하게 되었다. 현재도 '일진이 나쁘다' 거나 제사 축문의 '유세차(維歲次)' 라는 표현 등을 그대로 사용하고 있다.

干支(간지) 표기는 天干(천간)이 먼저 표기되고, 地支(지지)가 나중이다. 甲子(갑자), 乙丑(을축) 등이 되는 것이다. 그래서 조합을 하면 60개가 되고, 마지막이 癸亥(계해)가 된다. 이를 '六十甲子(육십갑자)'라고 하는데, 줄여서 '六甲(육갑)'라고도 한다. 자신의 출생 간지가 60년 후에 동일하게 되기 때문에 還甲(환갑-甲子가 돌아옴)이라 하는데 환갑은 만 나이로 60세 생일날이다.

나이를 나타내는 한자

나이	한자	의미
막 태어났을 때	농경(弄璋)	예전에는 아들을 낳으면 구슬(璋)장난감을 주었다. 여기서 유래한 말이고 아들을 낳은 경사를 농장지경(弄璋之慶)이라고 한다.
	농와(弄瓦)	마찬가지로 딸을 낳으면 실패(瓦)장난감을 주었다. 그래서 딸을 낳은 경사를 농와지경(弄瓦之慶)이라고 한다.
2~3세	제해(提孩)	제(提)는 손으로 안는다는 뜻. 해(孩)는 어린아이란 뜻. 아기가 처음 웃을 무렵(2~3세)을 뜻한다. 해아(孩兒)라고 쓰기도 한다.
15세	지학(志學)	공자(孔子)가 15세에 학문(學文)에 뜻을 두었다는 데서 유래.
	육척(六尺)	주(周)나라의 척도에 1척(尺)은 두 살 조금 지난 아이의 키를 뜻한다. 그래서 6척은 15세를 뜻한다. 삼척동자 (三尺童子)는 10살이 채 못된 아이를 일컫는 말이다.
16세	과년(瓜年)	과(瓜)자를 파자(破字)하면 '八八'이 되므로 여자 나이 16세를 나타냄. 특별히 16세를 강조한 것은 옛날에는 이때가 결혼 정년기였기 때문임.
20세	약관(弱冠)	20세 전후한 남자. 옛날에는 원복(元服;어른 되는 성례 때 쓰던 관)식을 행하였는데 [예기(禮記)], '곡례편(曲禮編)'에 "二十日弱하니, 冠이라"하여 '20세는 약(弱)이라 해서 갓을 쓴다'는 뜻인데, 그 의미는 갓을 쓰는 어른이 되었지만 아직은 약하다 는 뜻이다.
	방년(芳年)	20세를 전후한 왕성한 나이의 여자. 꽃다운(芳) 나이(年)를 뜻한다.
30세	이립(而立)	공자(孔子)가 30세에 자립(自立)했다고 말 한데서 유래함.
40세	불혹(不惑)	공자(孔子)가 40세에 모든 것에 미혹(迷惑)되지 않았다는 데서 유래함.
	강사(强仕)	[예기]에 "四十日强 而仕"라는 구절이 있다. "마흔살을 강(强)이라 하는데, 이에 벼슬길에 나아간다"는 뜻인데 이 말은 여기에서 유래되었다.
48세	상년(桑年)	상(桑)의 속자(俗字)는 '十'자 세 개 밑에 나무 목(木)을 쓰는데, 이를 파자 (破字)하면 '十'자 4개와 '八'자가 되기 때문이다.
50세	지명(知命)	공자(孔子)가 50세에 천명(天命;인생의 의미)을 알았다는 뜻. 知天命을 줄인 말.
60세	이순(耳順)	공자(孔子)가 60세가 되어 어떤 내용에 대해서도 순화시켜 받아들였다는 데서 유래.

나이	한자	의미
61세	환갑(還甲)	회갑(回甲), 환력(還歷)이라고도 한다. 태어난 해의 간지(干支)로 돌아간다는 뜻.
	화갑(華甲)	화(華)자를 파자(破字)하면 십(十)자 여섯번과 일(一)자가 되어 61세라는 뜻이다.
62세	진갑(進甲)	우리나라에서 환갑 다음해의 생일날. 새로운 갑자(甲子)로 나아간다(進)는 뜻이다.
64세	파과(破瓜)	과(瓜)자를 파자(破字)하면 '八八'이 되는데 여자는 8+8해서 16세를 과년이라 한다. 그런데 남자는 8×8로 64세를 말하고 벼슬에서 물러날 때를 뜻한다.
70세	종심(從心)	공자(孔子)가 70세에 마음먹은 대로 행동해도 법도에 어긋나지 않았다는데서 유래. 從心所欲 不踰矩에서 준말.
	고희(古稀)	두보(杜甫)의 시 '곡강(曲江)'의 구절 "人生七十古來稀(사람이 태어나 70세가 되기는 예로부터 드물었다)"에서 유래하였다.
71세	망팔(望八)	팔십 살을 바라본다는 뜻. 71세가 되면 이제 80세까지 바라보게 된다는 의미.
77세	희수(喜壽)	희(喜)자를 초서(草書)로 쓸 때 "七十七"처럼 쓰는 데서 유래함.
80세	산수(傘壽)	산(傘)자의 약자(略字)가 팔(八)을 위에 쓰고 십(十)을 밑에 쓰는 것에서 유래함.
81세	반수(半壽)	반(半)자를 파자(破字)하면 "八十一"이 되는 데서 유래함.
	망구(望九)	구십 살을 바라본다는 의미. 81세에서 90세까지 장수(長壽)를 기원하는 말. '할망구'의 어원이 망구임.
88세	미수(米壽)	미(米)자를 파자(破字)하면 "八十八"이다. 혹은 농부가 모를 심어 추수를 할 때까지 88번의 손질이 필요하다는 데서 여든여덟 실을 표현한다.
90세	졸수(卒壽)	졸(卒)의 속자(俗字)가 아홉 구(九)자 밑에 열 십(十)자로 사용하는데서 유래함.
	동리(凍梨)	언(凍)배(梨)의 뜻. 90세가 되면 얼굴에 반점이 생겨 언 배 껍질같다는 말.
91세	망백(望百)	71세 때 80을 바라보았다면 91세면 백 살을 바라본다는 뜻.
99세	백수(白壽)	백(百)에서 일(一)을 빼면 백(白)자가 되므로 99세를 나타냄.

숫자로 보는 한자

文房四友 (문방사우)

서재에 갖추어야 할 네 벗인 지(紙)·필(筆)·묵(墨)·연(硯), 곧 종이·붓·먹·벼루의 네 가지를 아울러 이르는 말.

身言書判 (신언서판)

중국 당나라 때 관리를 등용하는 시험에서 인물평가의 기준으로 삼았던 기준.

즉, 몸(體貌)·말씨(言辯)·글씨(筆跡)·판단(文理)의 네 가지를 이르는 말.

四君子 (사군자)

품성이 군자와 같이 고결하다는 뜻으로 '매화·난초·국화·대나무'의 넷을 이르는 말.

七去之惡 (칠거지악)

지난날, 유교적 관념에서 이르던 아내를 버릴 수 있는 이유가 되는 일곱 가지 경우.

1. 시부모에게 불순한 경우
2. 자식을 낳지 못하는 경우
3. 음탕한 경우
4. 질투하는 경우
5. 나쁜 병이 있는 경우
6. 말이 많은 경우
7. 도둑질한 경우를 이름.

三不幸 (삼불행)

맹자가 말한 불행의 세 가지.

1. 蓄財(축재)에 전념하는 것
2. 자기 처자만 사랑하는 것
3. 부모에게 불효하는 것

三不惑 (삼불혹)

빠지지 말아야 할 세 가지. 술·여자·재물.

三不孝 (삼불효)

세 가지 불효.

1. 부모를 불의(不義)에 빠지게 하고,
2. 가난 속에 버려두며,
3. 자식이 없어 제사가 끊어지게 하는 일.

三不朽 (삼불후)

세가지 썩어 없어지지 않는 것. 세운 德(덕), 이룬 功(공), 敎訓(교훈)이 될 훌륭한 말.

三從之道 (삼종지도)

세 가지 따라야 할 도리

1. 여자가 어려서는 아버지를 따르고
2. 시집을 가면 남편을 따르며
3. 남편이 죽으면 자식을 따르라는 말

五常 (오상)

사람의 다섯 가지 행실. 즉 인(仁), 의(義), 예(禮), 지(智), 신(信).

五友 (오우)

다섯 종류의 절개 있는 식물. 선비가 벗삼을 만한 식물. 梅(매화)·蘭(난)·菊(국화)·竹(대나무)·蓮(연꽃).

五淸 (오청)

다섯 가지의 깨끗한 사물. 선비들이 즐겨 그리는 것. 松(소나무)·竹(대나무)·梅(매화)·蘭(난)·石(돌).

五行 (오행)

우주 간에 쉬지 않고 운행하는 다섯 가지 원리. 金(쇠)·木(나무)·水(물)·火(불)·土(흙).

益者三友 (익자삼우)

이로운 세 가지 친구. 정직한 사람, 진실한 사람, 학식이 많은 사람

四端七情 (사단칠정)

사단은 《맹자(孟子)》의 〈공손추(公孫丑)〉 상편에 나오는 말로 불쌍히 여기는 마음 즉, 네 가지 도덕적 감정을 말한다.

惻隱之心 (측은지심) - 남을 불쌍하게 여기는 타고난 착한 마음을 이르는 말

羞惡之心 (수오지심) - 자기의 옳지 못함을 부끄러워하고, 남의 옳지 못함을 미워하는 마음

辭讓之心 (사양지심) - 겸손하여 남에게 사양할 줄 아는 마음.

是非之心 (시비지심) - 옳음과 그름을 가릴 줄 아는 마음.

그리고 칠정은 《예기(禮記)》의 〈예운(禮運)〉에 나오는 말로
기쁨[喜(희)]·노여움[怒(노)]·슬픔[哀(애)]·두려움[懼(구)]·사랑[愛(애)]·미움[惡(오)]·욕망[欲(욕)]의
일곱 가지 인간의 자연적 감정을 가리킨다.

四書三經 (사서삼경)

유교(儒敎)의 기본 경전

四書(사서)는 《대학(大學)》《논어(論語)》《맹자(孟子)》《중용(中庸)》을 말하며,
三經(삼경)은 《시경(詩經)》《서경(書經)》《주역(周易)》을 이른다.

世俗五戒 (세속오계)

신라 진평왕 때 승려 원광(圓光)이 화랑에게 일러 준 다섯 가지 계율.

원광이 수(隋)나라에서 구법(求法)하고 귀국한 후, 화랑 귀산과 추항이 찾아가 일생을 두고 경계할 금언을 청하자
원광이 이 오계를 주었다고 한다. 이는 뒤에 화랑도의 신조가 되어 화랑도가 크게 발전하고 삼국통일의 기초를
이룩하게 하는 데 크게 기여하였다.

事君以忠 (사군이충) - 임금은 충성으로써 섬겨야 한다는 계율

事親以孝 (사친이효) - 어버이를 효도로써 섬겨야 한다는 계율

交友以信 (교우이신) - 벗은 믿음으로써 사귀어야 한다는 계율

臨戰無退 (임전무퇴) - 전쟁에 임하여 물러나지 아니하여야 한다는 계율

殺生有擇 (살생유택) - 함부로 살생을 하지 말아야 한다는 계율

十長生 (십장생)

장생 불사를 표상한 10가지 물상(物象)

해·산·물·돌·소나무·달 또는 구름·불로초·거북·학·사슴을 말하는데, 중국의 신선(神仙) 사상에서 유래한다.

10가지가 모두 장수물(長壽物)로 자연숭배의 대상이었으며, 원시신앙과도 일치하였다.

옛 사람들은 십장생을 시문(詩文)·그림·조각 등에 많이 이용하였는데,

고구려 고분 벽화에 부분적으로 나타나는 것으로 보아 이 사상은 고구려시대부터 있은 듯하다.

고려시대에는 이색(李穡)의 《목은집(牧隱集)》으로 보아 십장생 풍이 유행한 사실을 알 수 있으며,

조선시대에는 설날에 십장생 그림을 궐내에 걸어놓는 풍습이 있었다.

이 후 항간에서도 십장생 그림을 벽과 창문에 그려 붙였고,

병풍·베갯머리, 혼례 때 신부의 수저주머니, 선비의 문방구 등에도 그리거나 수놓았다.

三多三無 (삼다삼무) 三寶三麗 (삼보삼려)

제주도에는 돌, 여인, 바람이 많다. (三多)

제주도에는 거지, 대문, 도둑이 없다. (三無)

제주도에는 특이한 언어, 수중자원, 식물 (三寶)과

제주도에는 자연의 열매, 동굴과 기암절벽, 바다의 보물 (三麗)이 있다.